NONFICTION
論創ノンフィクション
048

祝福二世

信仰を捨てた元統一教会信者の告白

日出美

論創社

目次

第6章　統一教会式でおこなった父母の葬儀

はじめに

私は「統一教会二世」であり、元信者でもある。

統一教会は、正式名称としては「世界基督教統一神霊協会」であり、二〇一五年には「世界平和統一家庭連合」への改称を文化庁に承認されているのだが、本書では原則として、「統一教会」の呼称を採用するものとする。

そして統一教会二世といえば、二〇二二年七月八日に起きた安倍晋三元首相銃撃事件以来の一連の報道で一躍、注目を集めることになった存在だ。この文章を執筆している時点で裁判が開始されていないため、真相は明らかになっていないことも多い。そのような中、実行犯の男性が犯行に及んだきっかけは、信者であった母親が統一教会へ多額の献金をしたことを恨みに思ったからだと報じられている。

ただ、私の場合、両親ともに統一教会の信者であった点、また私自身も信者としてある時期までは信仰生活に熱心に入れ込んでいた点が、彼とは異なっている。

私は「祝福二世」に当たる。細かい説明はここでは省くが、両親が統一教会の合同結婚式を通じて「祝福」を受けた家庭に生まれた子のことだ。祝福二世は、統一教会内の教義では「原罪のない子」とされ、いわば生え抜きの位置づけにある。

その結果、私は、同世代の普通の日本人家庭の子とはだいぶ違った生い立ちを辿ることになった。

小学校卒業後、「予備生」として韓国に渡り、そのまま韓国の中学・高校に進んで、一〇代の日々の大半を韓国の寄宿舎で過ごしたことや、進学した大学も、統一教会が韓国に設立したS大学であったことは、特異と言わざるをえないだろう。

しかしそれはあくまで、「一般の日本人家庭の子と比べれば特異」ということでしかない。私のまわりには同じ境遇の祝福二世がたくさんいたので、私が経験したことも、「まわりのほとんどの人が経験している、ありきたりのこと」という思いが強く、わざわざ文章に起こすに足るほどのユニークさはないと思っていた。

それが必ずしも見立て通りではないのかもしれないと気づいたのは、信者としての経験をTwitterで綴りはじめてからのことだ。

安倍元首相銃撃事件を皮切りに、Twitter（現在のX）では「宗教二世界隈」とでも呼ぶべき言論空間が形成されていた。統一教会に限らず、さまざまな新宗教の二世や「元二世」、そうした問題に強い関心を抱く一般の人々などがしきりと発言し、ヒートアップしていた。

事件からはすでに数カ月が経過していた二〇二二年一〇月頃、ご多分に漏れず私もTwitterのアカウントを開設し、中途参入のかたちでそのやりとりの中に身を投じていった。

さしあたって、私自身と同じ属性であるはずの、統一教会の「元信者」を中心にフォローしていくことからはじめたものの、どういうわけか、彼らとはそれほど意見が合うわけでもないことに戸惑っていた。

それに私は当初から、Twitterで自らが呟く内容が、「不幸自慢」のようなものになってしまうことに対する違和感があった。世の中の人の多くは、「元信者」に対して「不幸なエピソード」を期待しているような雰囲気があり、私自身もそれに呑まれそうになっていたのだ。

もちろん私も、信者であった時代に、後から思えばどうしてあんな過酷な毎日に甘んじていられたのかと不思議に思うような経験もしている。信仰を捨ててから一般社会に馴染んでいくまでの間にも、数々の苦労があった。

ただ、信者として経験したことのすべてが不幸だったとは今でも思わないし、今なお統一教会への信仰心を持つ人々を否定する気持ちもない。Twitterで自らの信者としての経験を吐露しはじめてから、統一教会に対する私の心持ちは、今もってむしろ「真面目な現役信者」により近いところにあるのではないかとさえ感じるようになった。

そうは言っても、信仰を捨てた「元信者」にはちがいない私は、現役信者の人たちからはやはり一定の警戒を示されてしまう。だが、そんな中からも、私のツイートに対する共感を表明してくれる現役信者が少しずつ増えていった。

一方で、「元信者」ではあっても、統一教会に対してさほど恨みがあるわけでもないという人々——文字通りの「反対派」とは距離を置く人々とも、私は次第に繋がっていった。

母がアメリカの留置場に

その中で、私自身はどんな「立ち位置」にいるのか。私が積んできた経験の中には、同じ「元信者」の間でも容易には見出せないような際立った特徴が、実は思いのほか豊富に含まれているのではないか——。

そんな自覚を持つようになったのは、「母がアメリカで留置所に入れられたことがある」という内容のツイートが、思いがけず強い反応を引き起こしたときのことだ。

私の親の世代の信者の間では、「学生時代に左翼と闘争した」とか、「寄付集めや強引な伝道

（布教）で警察の厄介になった」といった逸話は、わりとざらに耳にするものだった。

無知な私なりに注釈させてもらうと、統一教会は、関連団体として立ち上げた国際勝共連合での活動を通じて、左翼思想やそれに牽引された学生たちの運動に対抗する急先鋒として狼煙を上げていた時期もある。

統一教会は、宗教を否定する共産主義思想に対し、「宗教と科学は両立し得る」との立場で、強烈な批判を繰り広げていた。そうした「左翼に対するカウンター」としての側面が当時の保守層には重宝がられ、共闘することができていたようである。

団塊世代の一世信者には、統一教会の反共活動にそうした剣呑な側面があることは当然視されていたが、そういう「激しい」時代のことは、一般には意外と知られていないのではないか。だからこそ、「母が留置所に入れられた」程度のことで、こんなに驚かれているのではないか——。

そう考えてみると、両親だけでなく、信者としての私自身が経験したことも、「ありふれている」のひとことでは括れないことなのかもしれないと思いはじめた。

たとえば私は、S大学在学中、「STF（本書では「二世献身プロジェクト」と記載）」と呼ばれる活動に名乗りをあげ、いくつもの外国を巡って寄付集めに勤しむという経験もしている。

教団の活動にそのレベルまで身を捧げた経験を持つ人はそれほど多くないかもしれないし、そこまでどっぷりと信仰に浸っていながら、その後、教団を離脱したという人は、もっと珍しいのかもしれない。

つまり、「統一教会の色眼鏡から解放された視点で、教会内で経験したハードな出来事を語ることができる元二世信者」というのは、私が思っているより少ないのかもしれないということに気づいたのである。

そういう目で振り返れば、私にも語るべきことは山のようにあった。私が経験したことからいくつかの要素を抽出し、掛け算をしていくことで、私にしか書けない体験談のようなものができあがるかもしれない——。

Twitterで相互フォロワーとなった元二世信者の方から背中を押されながら、私は自身の経験や、両親から聞かされた一世時代の話などを少しずつ書き綴っていった。

本書は、それらのツイートを投稿サイト「カクヨム」でまとめたものに、さらに大幅な加筆・修正を施して書き上げたノンフィクションである。

本書の構成

本書の構成としては、私が統一教会二世信者として体験したことを、おおむね時系列に沿って再現するかたちを取っている。

家族と離れ、教会の施設である韓国の寄宿舎で暮らした中学・高校時代の思い出からはじまり、統一教会系のS大学に進学して、信仰生活にのめり込んでいったこと、しかしその反作用のようなかたちで、かえって信仰を維持できなくなっていってしまったその経緯……。

すべてのきっかけとなったのは、S大学一年生のときに発表された「二世献身プロジェクト」だった。教祖・文鮮明《ムンソンミョン》氏の後継者として有望視されていた三男・文顕進《ムンヒョンジン》氏肝煎りのプロジェクトで、S大学在学中の二世信者の中から志望者が駆り集められ、世界各地を回って寄付集めをするというものだった。

統一教会における「献身」とは、従来は「ホーム」と呼ばれる教会施設に寝泊まりして、二四時間を丸々、教会の活動に捧げることを意味していた。この「二世献身プロジェクト」は、献身の場を外国などに移し、各地を転々とするかたちで信仰を成就しようとする新しい献身の試みだった。

二〇〇二年、この活動に志願した私は、S大学を一年間休学して、寄付集めのために世界中を駆け巡った。行き先は、日本、韓国、ロシア、ベラルーシ、ドイツ、スイス、イギリスと多岐にわたっていた。

そうして世界各地を飛び回っていながら、三六五日、二四時間、同行した信者のメンバーと生活・行動をともにし、教会の思想や仕組みの中に首まで浸かることで、私はそれまでのどんなときよりも、かえって「世界から切り離された」境遇に置かれていた。

その間の私は、それまでの人生において最も「信仰的」な、つまり、揺るぎない信仰に身も心も捧げた統一教会信者だった。

にもかかわらず、私の心が離教《りきょう》に傾いたのは、この活動を中断して日本に帰国してからのことだ。世界各地での「献身」中に経験したいくつかの出来事が、そのきっかけとなった。信仰にのめり込んだ挙句、かえって信仰から解放されることになるとは、思えば皮肉な成り行きである。

その献身中に私は、スイスの銀行で、統一教会によるマネーロンダリングの現場と思われるものに立ち会う経験もしている。そのことも、離教に至る経緯に微妙な影を落としているのだが、詳しくは本編に譲ろう。

しかし、結果として信仰心が挫折してしまったとはいっても、この献身の経験は、思わぬ効用をもたらしてくれたともいえる。二世ながら献身したことで、それまではただの思い出話としか思えなかった父母の、一世時代の逸話の数々に、共感をもって耳を傾けることができるようになったのだ。

その中には、耳を疑うような内容のものもあった。日本に帰国後、父から聞いた「世界日報事件の内幕」などはその好例である。

「世界日報事件」とは、一九八三年、統一教会系の日刊新聞「世界日報」を発刊している世界日報社が、同じ統一教会系の組織である国際勝共連合に襲撃された事件だが、実は私の父自身が、その事件に微妙なかたちで関与していたということを、このとき父から聞いた話で私ははじめて知った。

Twitterで「宗教二世界隈」をほんの少しざわつかせる一因となった、「母がアメリカで留置所に収容された話」も、そんな中で聞かされた昔話のひとつだった。本編では、両親から聞いたそうした逸話もいくつか紹介している。

また、私自身が離教に至るまでの道筋、S大学を中退し、日本で派遣社員として働きはじめてからの、教会の外の社会に適応するために経てきた苦労、非信者である男性と出会って結婚にまで至った顚末も綴っている。

自らが統一教会の二世信者であったことを、いつ、どのようなかたちで彼にカミングアウトするかで悩んだことや、娘もまた信者同士で「祝福結婚」するのが当然と考えていた両親に、非信者である彼との結婚について切り出すのに苦慮したこと――。

この体験談は、似たような問題で心を悩ませている二世の元信者の方々には、なんらかの参考になるかもしれないと思っている。

そうしてどうにか非信者としての生活基盤を私は築いた。だが、東日本大震災が起きた二〇一一年は、かなり慌ただしい一年となった。三月に震災が発生し、五月に第一子を出産した後、七月に母が、一一月には父が、相次いで他界したのである。

離教して以降、統一教会とは距離を置いていた私でも、現役信者である父母の葬儀をめぐっては、再び教会と関わらざるをえない立場となった。私自身にはすでに信仰はなくなっていたとはいえ、両親のことは、出身宗教の方式で送り出してあげたかったのだ。

多くの現役信者の助力を仰ぎながら、父と母をともに統一教会式の葬儀で送りおおせたことは、悔いを残さないという意味ではいいことだったと思っている。またそれは、私自身がかつての信仰生活を今一度顧みて、意味づける恰好の機会ともなった。

その二度にわたる葬儀についても、本書ではかなりの紙幅を割いて振り返っている。統一教会ではどのようなかたちで葬儀をおこなっているのか、興味をお持ちの方もいるだろう。

安倍元首相銃撃事件以降、宗教二世、とりわけ統一教会二世はなにかと注目され、当事者による手記や研究書を含めて、関連書籍も多く出版されている。

その中で本書は、やや遅ればせの感も否めないかもしれないが、私なりに精一杯、信者だった頃に、また信者であることをやめた後に経験した出来事や、それをめぐる率直な思いを言葉にしてきたつもりだ。

「宗教二世界隈」をめぐってさまざまな議論や意見が飛び交う中、本書がその一翼を担うことができるなら、著者としては願ってもないことである。

なお、本書では、「所属していた教団を離脱し、信仰を捨てること」を、「離教《りきょう》」という語で表現している。あまり一般的な言葉ではないかもしれないが、私としてはそれが一番しっくりいくので、その点はご了承いただきたい。

《統一教会についての基礎知識》

本書はあくまで個人の体験記であり、統一教会という組織について体系的に論じようとするものではないが、本書を読み進めるにあたっては、この教団についての最低限の知識が必要になるものと思われる。

ここでは、統一教会の成り立ちや教義等について、本書読解の一助となる部分についてのみ、簡単な解説を施しておきたい。ただ、あくまで一信者だった私という人物のフィルターを通した説明であることだけは、了承いただきたい。ここで挙げなかった用語等については、本文中で適宜、細かく説明していく。

統一教会とは

統一教会、すなわち「世界基督教統一神霊協会（現・世界平和統一家庭連合）」は、一九五四年に文鮮明《ムンソンミョン》氏が教祖となって韓国のソウルに設立した宗教団体であり、韓国では「統一教《トンイルギョ》」と呼ばれる。「統一」の語は、その教説の礎となる「統一原理」（宗教と科学を統一する真理）に由来している。

統一教会では、開祖・文鮮明氏（二〇一二年没）とその妻・韓鶴子《ハンハクチャ》氏を「真のご父母様」と呼び、信者は自分たちのことを「食口《シック》」と呼ぶ。食口とは、韓国語で「（同じ釜の飯を食べる）家族」という意味だ。教祖が「父母」なので、信者はみな「家族（兄弟姉妹）」というわけである。

日本では一九五八年から布教がはじまり、一九六四年に「世界基督教統一神霊協会」が宗教法人として認可された。日本の初代会長には、立正佼成会《りっしょうこうせい》出身の久保木修己《おさみ》氏が就任した。

私の世代の祝福二世は、会長が名付けをする習慣があった。ひとつ違いの私の姉の名付け親は久保木会長である。私自身は父親による命名だが、当時は少数派だった。

統一教会は、日本への進出と並行して、アメリカをはじめ世界各地に教勢を伸ばした。私の母も、一九七〇年代に布教のためにアメリカへ渡って五年間活動している。

現在の信徒数ははっきりとはわからないが、いつだったか全世界で三〇〇万人を超えたと聞いて驚いたことがある。実際には、ごく短期間だけ所属した人や、私のような離れた信者のこともカウントに入れてしまっているのが実態であろう。

二〇二三年一〇月、教団への解散命令を請求しないよう求める信者ら約五万人分の嘆願書が、岸田文雄首相と盛山正仁《まさひと》文部科学大臣宛てに送付されたという（「朝日新聞」二〇二三年一〇月一一日付）。現在、日本で真剣に統一教会とコミットしているのが、少なくともこの人数になるということだろう。

関連団体としては、反共産主義を掲げる政治団体の「国際勝共連合」、大学生の信者および関係者（伝道対象者など）のサークル「原理研究会」（英名ＣＡＲＰ）などが有名。なお、統一教会における「伝道」とは、「布教」「勧誘」とほぼ同じ意味合いである。

一九八〇年代、壺や印鑑を訪問販売したことが、いわゆる「霊感商法」として社会問題となった。ちなみに私の母にも販売の経験があるが、「占いなどを通じて顧客を心理的に依存させていくやり方」を目の当たりにして疑問を感じ、途中で身を引いている。実家には、名前を彫る前の印鑑の在庫がいつまでも残っていたのを覚えている。

「霊感商法」が批判を浴びて資金調達が難航したからなのか、それ以降、教会組織は既存信者に多額の献金を呼びかけるようになった。並行して一九九〇年頃、「還故郷摂理《かんこきょうせつり》」という指示が出された。これは、上京して家庭を築いていた信者たちに、故郷である地方に帰り、両親や親族を伝道せよというプロジェクトだった(統一教会信者の言う「摂理」は、「プロジェクト」と読み替えるとわかりやすい)。

これにより、信者の親族だけでなく、地方において新規信者が増加し、彼らからも高額献金を調達できるようになったと思われる。それが巡り巡って、安倍晋三元首相銃撃事件の実行犯男性の母親のような事例、つまり家庭内で必ずしも同意がないまま献金してしまう信者を生み出す原因になったと考えられる。

繰り返しになるが、執筆時点でまだ裁判がはじまっていないため、この事例への言及は避けたいと思う。ただ、少なくとも私がまだ信者だった九〇年代後半から二〇〇〇年代はじめ頃、電話やファックスによる数百万円単位の献金の呼びかけは、圧力を感じずにはいられないほど頻繁であったことは証言しておこう。

こうした高額献金の集め方だけを見ても、統一教会は日本では「危険なカルト」とみなされがちだ。では、全世界における統一教会の位置づけも同様なのかというと、必ずしもその限りではない。韓国での統一教会は、たくさんあるキリスト教の「異端」のひとつにすぎず、むしろさまざまな事業、具体的にはバレエ団や芸術系の学校法人、一時はプロサッカーチームのスポンサーになるほどの規模を誇っていた清涼飲料メーカーを抱えるなど、多角的に展開する、財閥としての側面の方が際立っている。

それらの事業の原資は日本からの献金で成り立っていたと考えられる(ぼやかした言い方になってしまい申し訳ないが、教会が献金の収支を明らかにしていないので確かめようがない)。そもそも韓国人信者は、「日本は国が豊かであり、日本人信者はお金に余裕があるから献金している」と思っているような節があった。

あるいは過酷な実態を知っていても、見て見ぬふりで恩恵だけ享受していたのかもしれない。彼らはよく「日本の豊かさの礎は、そもそも六・二五（朝鮮戦争）の特需によるものじゃないか」と口にしていた。

それだけではない。韓国にとって日本は「怨讐《おんしゅう》の国」であるという事実も、その背景には見え隠れしている。

この点については、非信者の韓国人でもそう思っている人が多く存在するのだが、統一教会では、それが「教義の一部」になっているところに特徴がある。韓国が日本に統治されたことは「恨み」であるが、文鮮明氏はそのような罪深い日本を「エバ国家」（エバ＝イブの位置づけについては次項参照）に昇格させ、メシアを生んだ「アダム国家」である韓国を支えるという使命を与えた。その「恩恵」に報いるため、日本の食口（信者）は責任を果たさなくてはならない――。

こうした考え方が、日本信者にのみ割高な献金額が提示される根拠となる。

特に信仰のかたち（または流行）が、「打倒共産主義」から「霊界の役事《やくじ》」（もともとは韓国語訳の聖書から来た言葉で、統一教会では「（霊界からの）働きかけ」という意味）を中心とするものに徐々に移行すると、「従軍慰安婦の悪霊が日本人女性に取り憑いているから解怨《かいおん》（怨念を晴らすこと）しなくてはいけない」などと言われるようになった。その転機は、私の体感的には一九九八年あたりからだ。

「反共」も「日本の贖罪」も、もともと教義に内包されてはいた。しかし、その中で特に強調される側面が、ある時期から変わったように感じられた。ソ連の崩壊やベルリンの壁の崩壊を経て、共産主義の脅威が語られることは少なくなり、徐々に霊界の恨みを晴らすこと、すなわち日本の過去をめぐる贖罪に矛先が転じたようなところがあった。

原罪と祝福

統一教会の教義は、草創期に文鮮明氏が解明し、体系化した内容をまとめたものとされる『原理講論』に綴られている。『原理講論』は開祖（文氏）の言葉それ自体を集約したものではなく、旧約・新約聖書を独自に解釈した解説書と位置づけられている。もちろん文氏が語った口語形式の記録（統一教会では「み言《ことば》」と呼ぶ）も従うべき指針として示されているが、基本的な教義は『原理講論』と考えてよいと思う。

特徴的な解釈のひとつは、人類が最初に犯したといわれる「原罪」を、「性的行為だった」としていることだ。「原罪」とは、アダムとエバ（イブ）が蛇にそそのかされ、神の言いつけに背いて「善悪を知る木の実」を口にしたというエピソードに基づくもので、これは聖書の『創世記』に記述されている。

『原理講論』でその「原罪」を「性的行為」であったと解釈する根拠は、くだんの木の実を食べた人間が、裸であることを恥じるようになって下半身を隠したということは、「下半身で罪を犯した」ことを意味しているとする推測にある。蛇の正体は天使長ルーシェル（ルシファー、サタン）で、エバが先に蛇と不倫関係になり、次にエバがアダムを誘惑したと解釈している。

このようなかたちで堕落することさえなければ、アダムは神の用意したエバとともに人類の「真の父母」になるはずだった。しかし、エバが先に天使長と罪を犯して「純潔」を守れず、その後にアダムまで堕落させてしまった。これが根拠となって、統一教会では、エバ＝女性の方がより罪が重いとされ、償うための条件が厳しくなる傾向がある。

蛇によって穢された人類の「血統を転換」し、本来の状態に「復帰」するため、神はイエス・キリストを遣わした。統一教会では、イエスもアダム同様、本来誰かを妻として迎えるべきだったと解釈している。逆にいえば、イエスが未婚であったのは、使命を果たせていなかったからだということだ。そのイエスに代わって、今度は文鮮明氏が遣わされた。

私が幼少の頃に教会の大人たちから紙芝居つきで教えてもらった話では、「一六歳の文氏が一所懸命祈っていると、イエスの霊が現れ、自分の果たせなかった使命を引き継いでほしいと頼まれた」のだという。文氏は「再臨のメシア」と呼ばれるが、イエスと同一人物と考えられているわけではない。統一教会のいう「再臨」とは、「後任者」程度の意味合いである。

こうして神の用意した「み旨《むね》（使命）」を果たした末に「真の父母」となった文氏夫妻は、アダムとエバがなしえなかった「神と人類の最初の約束」を果たした恰好になる。そして「真の父母」の恩恵により祝福を受けた夫婦は「祝福家庭」となり、その過程から生まれるのは、原罪のない「祝福二世」だとされる。私もその一人ということだ。

統一教会が「純潔」を重んじる宗教であるのは、以上の説明の通り、メシアによって転換された血統を守るためでもある。ちなみに統一教会の「祝福結婚」の儀式には、実際には既婚夫婦もかなり多く参加している。韓国の古参信者である朴普熙《パクポヒ》氏や、日本の初代会長である久保木氏もそれに該当する。

独身信者の場合は、ある時期までは、それぞれの信者にふさわしい相手を、文鮮明氏自らが選んでマッチングしていた。このマッチングが数年に一度、合同でおこなわれることから、テレビなどでは「合同結婚式」として取り上げられ、有名になった。

一方、統一教会ではしばしば、「蕩滅《とうげん》条件」という言葉が使われる。「蕩滅」とは本来、「借金を帳消しにすること、実際より減免された金額を返すこと」を意味している。だが、教会内では、「罪を償うために乗り越えなければならない苦難」といった意味合いで使われている。

もしそうなら、原罪がないとされる祝福二世には罪を償う必要もないのではないかと思われるかもしれないが、私たち祝福二世にも、「連帯責任」や「サタン世界に影響されて犯してしまった失敗」など、なにかと理由をつけて「蕩滅」が必要とされていた。

なお、この語法の背景には、つらい思いをすればするほど、目に見えないところで「徳」が積まれ、より救済に近づくことができるという考え方がある。「蕩滅条件を積む」ほど、罪が償われるということだ。目に見えないポイント制のようなものと捉えておけばいい。

第1章　韓国で過ごした中学・高校時代

1　教祖の特殊な「嗜好」に言葉を失った中学時代の修練会

中学一年で韓国留学

私は、統一教会の合同結婚式で祝福を受けることで夫婦となった両親によって産み落とされた「祝福二世」なので、統一教会の価値観を当然のものとする環境の中で生まれ育ってきたといえる。

幼稚園からして「H園」という統一教会系の園だったし、年長組のとき、園の発表会で演じた『沈清伝《シムチョンジョン》』という韓国語劇の録画が「真のご父母様」、つまり文鮮明氏と韓鶴子氏夫妻に好評だったとの理由で、小学一年時に早くもはじめての渡韓を果たし、夫妻の面前で演じる機会を与えられたりもしている。

一歳違いの姉も生え抜きの信者としての道を突き進み、祝福結婚をして、「祝福三世」に当たる子を三人もうけているし、今もって現役信者である。

ただし、韓国の忠清南道《チュンチョンナムド》にある統一教会系のS大学に入学するまでは日本にいた姉と違って、私は小学校卒業後に家族のもとを離れて韓国に移住し、そのまま一〇年ほど韓国で生活していた。

姉を追うようにS大学に進学し、途中の一年を休学して「二世献身プロジェクト」で世界中を飛び回った。そして、中学・高校時代は、統一教会が設営しているソウル周辺の寄宿舎に寝泊まりしていた。小学四年で韓国留学のための選抜テストを受け、合格通知を受け取ったのは一九九二年、小学五年のときだった。

ちょうどその頃、歌手の桜田淳子さんが、ロサンゼルスオリンピック（一九八四年）で活躍した新体操指導者の山﨑浩子さんなどと並んで統一教会の合同結婚式に参列し、世間を騒がせていた。統一教会に対する一般社会やマスコミからのバッシングが吹き荒れ、信者側の立場でそれに直面させられた私は、すっかりマスコミ嫌いになってしまった。

そして小学校を卒業して韓国に渡った私は、他の日本人二世信者と一緒に、まずは「予備生」と呼ばれる立場で一年間、韓国語学習などをしてから、学年としては一年遅れて韓国の統一教会系の中学校に入学するという道を辿った。

似たようなかたちで中学時代から韓国での生活に投入される祝福二世の子は、珍しい存在ではなかった。それ自体、統一教会二世でなければ普通に経験することではないので、その間の出来事についても、思い入れの深いものをいくつか語っておきたい。

中には統一教会と直接の関係があまりないことも含まれるが、祝福二世として韓国で思春期を過ごすことになった人物の物珍しい体験談として目を通してほしい。中学・高校時代に出会った二世の友人との思い出もたくさんあるのだが、相手の立場やプライバシーに関わる部分もあるため、それについては最小限に留めようと思う。

韓国と日本

私が韓国で中学時代を過ごしたのは、一九九五年から一九九八年である。韓国では「光復《クァンボク》」と呼ばれる第二次世界大戦の終戦（日本の敗戦）からは、ちょうど五〇年の節目に当たっていた。

日本の統治下に置かれていた朝鮮半島の様子を直接記憶している人も多くおり、その頃、定年退職間近だった人は、日本が本土に合わせて朝鮮にも設置していた「国民学校」(小学校に相当)で日本語を習っていたということになる。

余談ながら、韓国では光復後も、小学校に相当するものに対して「国民学校」の名称が使われつづけており、それがようやく「初等学校」に改められたのは、まさに私が中学生として韓国にいた頃のことだった。

さて、私が中学一年のときの担任の先生はちょうど定年間際の年代で、「本人はひた隠しにしているけれど、実は日本語が喋れるらしい」という噂が流れていた。この先生が、掃除時間中に、「まいった、まいった」とこぼしていたとクラスメイトの一人が教えてくれたことがある。

「선생님《ソンセンニム》、〃마잇따《マイッタ》〃가《ガ》 무슨《ムスン》 뜻이에요《トゥシエヨ》?」(先生、「マイッタ」ってどういう意味ですか)と生徒たちが訊くと、「어《オ》、아니《アニ》 그냥《クニャン》、죽겠다는《チュッケッタヌン》 뜻이야《トゥシヤ》!」(うん、まあ「死にそうだ」みたいな意味だ)と答えていたという。

韓国語に翻訳しにくい「まいった」という日本語を知っていたとは、たしかに相当怪しい。

もっとも、日本語ができることをひけらかすような人は、その年代の韓国人にはあまり見当たらなかった。担任の先生についても、又聞きしたそのエピソードを除いて、本人が日本語を話すのを私が直接耳にした機会は、一度もなかった。

そんな「日帝統治時代」の名残が留まっている一九九〇年代の韓国の中学校である。「反日教育」がさぞかし甚だしかっただろうと思われるかもしれないが、今思い返すと、さほどひどくはなかった。

もちろん、韓国では「国史」と呼ばれる歴史の授業中に「日本《イルボン》」という単語を耳にするといたたまれない気持ちになりはしたものの、反日的な傾向は現在ほど露骨なものではなかったと思う。

現在は韓国で子育てをしている姉から聞いたところによれば、文在寅《ムンジェイン》大統領が就任した二〇一七年から、韓国の学校では、「独島《トクト》の歌」（「独島」は「竹島」の韓国側の呼び名）なるものが校庭で流れるようになり、日本人にとってはいっそう居心地の悪い環境になっていたという。

昨今の韓国における反日政策のゆらぎはとかくとして、少なくとも私が中学・高校生として韓国にいた頃には、公平な先生もいた。中でも、中三のときに「国史」を担当していた女性の先生のことは、強く印象に残っている。

当時で三〇代くらいだったと思うが、この人は「日本憎し」というよりも、「なぜ韓国は、日本のように〝明治維新〟を起こすことができなかったのか」といった観点から、自国の至らなさにもしっかりと目を向けていた。

一度だけ、勢い余って「일본놈《イルボンノム》」（日本の奴）という日本人の蔑称を口走ってしまったこともあったが、それもその場ですぐに私たち日本人の生徒に対して謝ってくれた。

逆に、私たちのような日本人の生徒もいるというやりづらい状況にもかかわらず、きちんと授業を遂行してくれていたことには感謝の念しかない。そういう意味で、彼女のみならず歴代の国史の先生には、申し訳ない気持ちでいっぱいである。

一〇〇ウォン玉

その国史の女性教師がある日、クラスの生徒全員に、自分の財布から一〇〇ウォン硬貨を出すように指示した。そして、そこに肖像が刻印されている人物、「李舜臣《イスンシン》」に言及した。李舜臣は、朝鮮水軍を率いた李氏朝鮮時代の将軍で、豊臣秀吉が文禄・慶長の役で朝鮮出兵した際、日本軍を撃退した歴史上の偉人として伝えられている。

普段、なにげなく使っていた一〇〇ウォン玉の裏に描かれている、李氏朝鮮時代の正装らしきものに身を包んだ人物が李舜臣であったことを、このとき、私ははじめて知った。

先生が言うには、「この李舜臣は美化されている」とのことだった。

軍事クーデターによって成立した朴正熙《パクチョンヒ》政権の時代、軍人であった李舜臣をそれまで以上に英雄として美化していったのは、朴大統領の政策の一環だったのだと先生は説明した。自身が軍人であったことから、軍人のイメージを改善しようとしていたというのだ。

一〇〇ウォン玉に描かれた李舜臣は、まるで軍人らしからぬ出で立ちをしている。国民がよく使うこの硬貨に、李舜臣をそういう姿で刻むことによって、「軍人は知的であり、危険な存在ではない。軍人出身である朴正熙自身も同様である」というイメージを、国民の頭に刻みつけようとした——。先生はそう言って、当時の政権を批判した。

そして、「歴史は為政者によって簡単に歪曲される」と私たちに教えてくれた。

今回、このくだりを書くにあたって、私はこの一〇〇ウォン玉がいつデザインされたものなのかを調べてみた。

Wikipediaの韓国語版によると、李舜臣の肖像画が考案されたのは一九七〇年となっている。一方、朴正熙大統領の在任期間は一九六三年から一九七九年までなので、この一〇〇ウォン玉は間違いなく、朴正熙政権時代に作られたものだということになる。

私は今も、自分が韓国という国とどういう距離感を保つべきなのか、決めかねているところがある。韓国に端を発する教団である統一教会に距離を置くようになったこともその理由の一端だが、統一教会とはなんの関係もなかったとしても、近年の日韓関係の悪化ぶりには、呆れたり頭を悩ませたりしている人が少なくないのではないだろうか。

韓国の日本に対する敵視は、統一教会の中でも歴然としていた。日帝統治時代の「極悪非道」さについては文鮮明氏も繰り返し強調していたし、「日本は罪の国」というフレーズも、信徒である間に何度も聞かされていた。

また、そうした歴史的経緯を背景として、日本人信者が韓国人信者よりも高額な献金を納めたり、祝福結婚において、日本人女性信者が条件の悪い韓国人男性のもとに嫁いだりすることは、信仰の実践として当然のこととみなされていた。

〝日本の罪〟とは

そういうことの繰り返しで、いつしか私は、「韓国側が突きつけてくるいわゆる〝歴史〟については、もう見たくもないし聞きたくもない」という気持ちになってしまった。

そんな私は、韓国側から見れば、「日本側が歪曲した誤った歴史を信じ込んでいる日本人」、もしくは「歴史に対してまっとうな関心を持たない、無教養な日本人」の一人にほかならないのかもしれない。

日本と韓国と、どちらの言うことが正しいのか——。本来なら、たくさんの書籍に目を通し、専門家の言い分に耳を傾けて、自分でそれを判断しなければならないのだろうが、私にとって「日韓の歴史」というのは、信者だった時代の経緯もあって、トラウマのひとつになっているらしく、きちんと調べることにも及び腰になってしまう。

使命感に頼ってそれに取り組んだとしても、結果として得られた知識に翻弄されて、あっけなく精神を病んでしまいそうな気がする。

韓国の言い分が正しいなら正しいで、日本人としての罪悪感に駆られるだろうし、逆に日本の言い分が正しいなら正しいで、「私が（離教する）二三歳まで信じ込んできた〃日本の罪〃とはなんだったのか」と、今度は無力感に苛まれるだろう。

取り組む前からそんな結果が目に見えているので、きちんと調べようという気持ちにはどうしてもなれないのだ。

そのように韓国では、こと歴史をめぐる問題に関しては、日本が一方的に悪者にされている感が否めないものの、くだんの国史の女性教師のように、「歴史の歪曲がいかに容易か」といった視点を持ち、自国の歴史に関しても自覚的にそれを適用していけるような人も、韓国国内にはゼロではない。そのことが、私にとってひとつの救いになっている。

日本のことを批判してくれてもかまわない。その代わり、その国史の先生のように、自国の為政者についてもきちんと批判できるような歴史専門家の見解が聞けるなら、ぜひ聞いてみたいと私は思っている。

教祖のみ言《ことば》

中学時代の経験としてもうひとつ、印象的だった出来事を挙げたい。

たしか中学三年の頃だった。当時は、まだ私たち日本から留学してきている信者専用の寄宿舎ができていなかったため、ソウル市に隣接する京畿道九里《キョンギドクリ》市にある別の施設を仮の寄宿舎として使っていた。清涼飲料水を扱う統一教会系の企業「一和《イルファ》」の施設に、教会の修練所が併設されたような建物で、「水沢里」と呼ばれていた。

韓国語読みすれば〃수택리《ステンニ》〃なのだが、日本人の生徒たちは「すいたくり」と日本語読みして

いた。
その頃、教祖・文鮮明氏が直々に説教を披露する修練会が各地でしばしば開催されており、この水沢里にまで文氏が足を運ぶことも珍しくなかった。修練会は、三泊四日の場合もあり、四〇日間の場合もある。ここで開かれる修練会の期間がどうであったか定かな記憶はないが、いずれにしても教祖直々の説教を、聞こうと思えばいつでも聞きに行ける環境であったことは間違いない。

実際、私たち寄宿舎の中学生も、ローテーションを組んで何人かずつで聞きに行こうという話になった。自分たちが志願したのか、先生が手配したのかは覚えていない。私自身がありがたがって行ったかどうかも、正直なところ記憶があやふやだ。おおかた、先生がたに言われるまま素直に従ったのではなかったか。

教祖の「み言《ことば》」に直接触れる機会を設けられることも、わざわざ韓国まで来て勉強している大きな目標のひとつだったのは事実だ。

そんなとき、文氏が日本語で語ったのか、韓国語で語ったのかすらうろ覚えなのだが、たしか韓国語であったと思う。文氏は日本語も話すことができたので、基本的には韓国語で語り、気分に応じてときどき日本語を織り交ぜるといった調子だったのではないか。

私自身は、ようやくナチュラルな韓国語を聞き取れるようになってきた頃合いではあったが、文氏の語りは早口である上に内容も独特なので、聞き取るにはだいぶ苦労させられた。

正直、何を言っているのかほとんどわからない。だが、それはあくまで、聞く側のアンテナの性能の問題なのだともいえる。み言《ことば》を聞けること自体、とにかくありがたいのだから、一所懸命聞き取ろうとするという姿勢が大事になってくるということだ。

なんとなく知ったこと

そういえば、古参の信者になればなるほど、「わからないはずの韓国語も、霊界からの働きかけでなんとなくわかった！」といったことを口にしがちだった。語学の壁も、人によっては信仰の力でなんとかなるようだ。

実際には、まあ半分聞き取れればいい方で、それよりも「真のお父様」と同じ空間にいられることに意義があるのだ、という程度の心づもりで私は臨んでいた。その説教の内容がまた、思いのほか衝撃的だった。

今でもよく覚えている。

正確にいうと、「そう言ったように聞こえたが、本当にそう言ったんだろうか？」と耳を疑い、その「疑い」それ自体を今もずっと覚えている、といった感じだ。

文氏は説教の間に、女性信者ばかりを「ずいずいずっころばし」並みの速さで矢継ぎ早に指差しながら、こう言ったのだ。

――王様の男が一人いて、女を全員妊娠させれば、国は滅びないのだ。

驚きのあまり、私の頭の中は「？」でいっぱいになってしまった。

文氏のその発言は、幼少期から私が繰り返し説かれてきた教えとはまったく相容れなかったからだ。祝福結婚まではかたくなに純潔を守り、生涯にわたって一人の伴侶と添い遂げることをよしとするのが、統一教会の教えだ。

その教えを真っ向から否定するかのような文氏の言葉に度肝を抜かれた私は、それに続くみ言《ことば》に意識を集中させることができなかった。

文氏が説教などで放ったみ言《ことば》は、文字に起こされてどこかに掲載されることが多かった。私が聞いたこの説教を文章化したものを後日、確認してみたところ、くだんの発言の部分はみごとにカットされていた。

私はますます混乱した。

それで私は、同じ寄宿舎に住む二世仲間の一人に、ことのあらましを伝えた。「自分が聞き間違えただけかもしれない」と言う私に向かって彼女が明かしたのは、さらに衝撃的な話だった。

彼女は同じ修練会の別日に「お父様」のみ言《ことば》を聞きに行っていた。そのとき文氏は、通路側にいる女性信者たちに、口を開けて上を向くように指示したという。すると文氏は、通路を歩きながら、その女性信者たちの口の中めがけて、自分の唾をペッペッと吐いて回ったというのだ。

これはもはや、「聞き取り間違い」といったレベルの話ではない。具体的な行動として、彼女の目の前で繰り広げられたのだから。彼女がその行動に唖然としたのはもちろんのことだが、同時に気にかかったのは、この場にスパイが紛れ込んではいまいかということだった。私はそんな心配などしたこともなかったが、彼女は「マスコミのスパイのような人が教会組織内に入り込んでいる」といった話を親から聞いたことがあったらしい。

もしもスパイがこの現場を目にしていたら、どんな醜聞になるかもわからない。ところが、彼女がそんな心配を脳裏に浮かべたその瞬間に、「お父様」はこう一喝したという。

――マスコミに言うなら勝手に言え！

彼女は、「もしかして私の考えが見透かされたのかな」と嬉しそうに言っていた。祝福結婚においても、大勢の信者それぞれに最適の相手を選んでマッチングすることができるといったことも含めて、文氏には神通力のようなものがあると私たちは信じていたのだ。

だがそれはそれとして、唾で女性が妊娠することはないにしても、女性の口の中に唾を吐いて回るという行為に、性的なニュアンスが感じられるのも事実だ。私たちの間では、「お父様」にはなにかそういう「嗜好」があるのではないか、という結論になった。

こうして私は、大人たちが伝えない「文鮮明氏の嗜好」のようなものを、なんとなく知るようになっていった。「お父様」は、本当は純潔や禁欲などとは縁遠い、世が世ならたくさんの愛人を抱える王様のようなタイプなのだろうと考えていた。

「お父様」はチンギス・ハン？

やがてインターネットが普及して情報の民主化が達成され、二〇〇〇年前後には、ネット上で「アンチ」――つまり統一教会に対して批判的な陣営が流す情報にも、自在にアクセスすることができるようになった。そんな中で二世仲間の一人が仕入れてきたのは、文鮮明氏による「血分け」の実態をめぐる情報だった。

「血分け」とは、簡単にいえば、韓国の統一教会の草創期に、教祖である文鮮明氏が一種の秘儀として複数の女性信者と肉体関係を持ったことを指している。それには、「再臨のメシア」たる文氏が、性交を通じて自らの神霊性や救いを女性たちに分け与えるという宗教的な意味づけがなされていたといわれている。「六人のマリア」という名称でも呼ばれるこの逸話は、統一教会によくも悪くも関心のある外部の人にはよく知られている。

この情報をめぐって寄宿舎の一部は沸き立ち、ショックを受けた子も中にはいたようだ。私はというと、さして衝撃を受けたわけでもなかった。

統一教会は、「血分け」の事実を公式には否定しているようなので、言い方がむずかしいところもある。私が水沢里で聞いた文氏の発言（「王様である一人の男が女全員を妊娠させれば国は滅びない」）と「血分け」の話には整合性が取れており、仮にそれが本当だとしても矛盾があるとはいえないのではないか、と思ったのだ。

私は最終的に統一教会を離れた人間だが、離教した理由としては、教会でまかり通っていた強引な資金の集め方や、祝福結婚を通じて日本人の女性信者が信仰のない韓国人男性に嫁がされていたという事実などの方がよほど大きい。

文氏が仮にたくさんの女性信者と交わっていたとしても、そのことに宗教的な意味があり、女性側も同意していたのであれば、それほど問題があるとも思えず、それだけで離教を決意することにはならなかっただろうということだ。

もっとも、どのみちそれは私には手の届かない一部の幹部クラスの間で起きていたことなので、その分、私も無責任に受け流せたという面があったのかもしれない。

すでに離教した後のことだったと思うが、実家に帰っている間に、母がぼそっとこんなふうに言ったことがあった。

「〝お父様〟って、イエス・キリストというよりは、チンギス・ハンみたいじゃない？」

文鮮明氏は「再臨のメシア」、つまりイエス・キリストの再来ということになっていたが、それよりも、モンゴル帝国の初代皇帝とイメージが重なるというのだ。この話には、私も納得せずにはいられなかった。モンゴル帝国の版図を広げて、本当は日本列島まで征服したかったが叶わなかったこの皇帝には、后妃や側室が無数にいたという。

もしかしたら、文鮮明氏に「再臨」していたのは、そっちの類の偉人だったのかもしれない。

2 落ちこぼれ気味だった高校時代

高麗神社のこと

学校での私は、授業中に寝てばかりでダメな日本人生徒だった。私の体たらくは先生たちを通じてクラスの外まで伝わってしまい、同じ学校に通う年下の日本人二世から、「ヌナ（お姉さん＝男性から見た女性の先輩）、悪目立ちはマジでやめてください」と怒られたこともあるほどだ。

そんな私だが、一部の先生とは「日韓友好の架け橋」となるようなやりとりがあったことも書いておこうと思う。

たしか高校二年の頃だったと思うが、冬休みに国史（韓国史）の先生から宿題が出された。「三国時代でも高麗時代でも朝鮮時代（それぞれ、韓国・朝鮮史における時代区分）でもいいので、歴史の遺跡に足を運んで、レポートを提出しなさい」というものだったが、受験にはなんの関係もない課題なので、半数のクラスメイトは無視していた。

私もこの宿題はすっぽかすつもりでいた。というのも、長期休暇で日本に一時帰国した際は、ほとんどの二世は短期バイトを死ぬほどやって、少しであれ家計や学費の足しにするのが常識のようになっていたからだ。さらにわが家の場合、高校一年の一二月に父が心臓病で倒れ、一時的に仕事を失っていたことから、財政状況はほかの家庭よりも悪い状態だった。

高校も、当初は統一教会系の私立芸術高校に通っていたのに、学費の負担を軽くするため、翌年三月からは（統一教会系ではない）普通の公立高校に転校せざるをえなかったくらいだ（韓国での新学期は三月なので、二年生からはそちらに通ったということ）。

この頃には姉が日本の高校を卒業して韓国に渡ってきて、S大学附属の語学院《オハグォン》（語学学校）に通っていたので、わが家に余分なお金は少しもなかった。

　ところが、帰国してから、一命を取り留めてすでに退院していた父にこの宿題のことを話すと、「日本にも韓国の遺跡があるよ」と教えてくれた。

　それは、埼玉県にある「高麗《こま》神社」のことだった。高麗神社とは、七世紀から八世紀にかけて、朝鮮半島の高句麗《こうくり》から日本に移り住んできた帰化人とゆかりのある神社である。帰化人で日本の豪族となった高麗王若光《こまのこきしじゃっこう》という人が、同じく唐・新羅《しらぎ》に滅ぼされた高句麗から日本に逃れてきた人々とともに、当時は辺境の地であった埼玉県日高市に集落を作った。その功績を讃えるべく高麗王若光を祀ったことが、この神社の縁起となっている。

　その高麗王若光から脈々と続いている子孫が今も「高麗」姓を名乗り、この神社の神主を務めているのも特筆すべき点だ。

　私が父とともにこの神社を訪れたのは一九九九年だったと記憶しているが、それからだいぶ下った二〇一七年には、天皇陛下（現上皇陛下）が参拝に来られている。それくらい歴史ある神社であり、「韓国好き」な人たちにもお勧めできるスポットである。

　現地の写真を適当に撮り、パンフレットや看板に書かれた説明文を韓国語に翻訳するだけで立派なレポートになったので、宿題としてはたやすいものだった。

　ただ、このときの神社訪問は、図らずも、神社とお寺の違いが私にはよくわかっていなかったという事実が明らかになるきっかけともなった。

　父はやや呆れていたようだ。とはいえ、私に言わせれば無理もないことなのだ。私は神道とも仏教とも縁のない環境の中で育てられ、正月も初詣の代わりに、「真のご父母様」の写真を前に統一教会式の「敬礼式」に参加していたのだから。日本人としての一般的な習俗を私に教えなかった父にも、責任の一端はあると思う。

実は四〇歳を過ぎた今になっても、みんなが当然のように知っていることを自分は知らない、と気づくことがけっこうある。それは、一〇代の大半を韓国で過ごしたことが原因なのか、それとも統一教会の信者であったことが原因なのか、はたまた両方なのか。離教してほどない頃はそれがコンプレックスだったが、そのうちさすがにあきらめがついた。今は、小学生の娘たちに質問されたときなどに、一緒に調べて学ぶようにしている。

先生に恩返し

さて、高麗神社で印象的だったのは、李氏朝鮮時代（大韓帝国）の最後の皇太子・李垠《イウン》と、明治から平成元年までを生き抜いた日本の皇族女性・方子《まさこ》女王という「韓日夫婦」が植えたとされる杉の木が、記念として祀られていたことだ。この夫婦は、政略結婚によって結びつけられ、日本に住んでいたという。

高麗神社が創建されたのは奈良時代だが、その後も朝鮮ゆかりの地として関係者がたびたび訪れていたようだ。まさに日韓友好の神社なのだ。

当時の私はまだ統一教会への信仰を持っていて、いずれは合同結婚式でマッチングされるままに知らない男性と夫婦になるつもりでいた。私自身は皇族でもなんでもないが、本人の意思や好みとは無関係なところで成立する婚姻関係という意味では、祝福結婚も、いわば政略結婚のようなものだ。

それだけに、そうした作為によって結び合わされた二人が仲睦まじく植えた杉の木の、大きく育った姿を見ることは、私にとってはひとつの希望であり、純粋な憧れの気持ちを抱く対象にもなった。

ちなみに、この韓国と日本の高貴な身分同士の夫婦をめぐるエピソードは、のちに日本に韓流ブームが起こったさなかの二〇〇六年、『奇跡の夫婦愛スペシャル』のタイトルでドラマ化され、二夜連続で放送された（李垠役を岡田准一、方子女王役を菅野美穂が演じた）。

このとき書いた高麗神社のレポートは、国史の先生に大好評だった。日本に逃れた高句麗人が、こういうかたちで神社を通じて語り伝えられているということをその先生は知らなかったらしく、レポートは自分が持っていたいと言うので、快く差し上げた。

授業中には居眠りばかりしていて迷惑をかけたが、日本人にはあまり聞かれたくなかったに違いない韓国史の授業を、私のような日本人の生徒もいる中できちんとやり遂げてくれた先生に、これで多少の恩返しはできたかもしれない。

3　母を清平修練会に行かせた私の成功体験とは

お金がなくて修練会に参加できない

そのまま高校三年になった二〇〇〇年頃のこと。統一教会全体で、すでに祝福を受けている、つまり祝福結婚をしている女性信者は全員、順番に四〇日間の「清平《チョンピョン》修練会」に参加しなければならないとする摂理が実行された。

「摂理」とは本来、創造主が被造物を導くために組んだ計画のことを指しているが、統一教会内では、ある目的を達成するために参加を促される「プロジェクト」程度の意味でこの語が使われている。そして「清平」とは、京畿道《キョンギド》加平郡《カピョングン》の広大な敷地に位置する統一教会の聖地兼修練会施設である。

現在では、修練所は立派に整備され、病院やカフェなども充実した過ごしやすい空間となっているそうだ。二〇〇〇年当時は、数百名ずつ入れるテント式の小屋がいくつか並んでいるだけの、開発途中の修練所だった。寝る場所はいつも不足しており、夜は寝袋が配られる。そもそも一人分の寝る場所を確保できるだけの面積もなく、信者は体育座りになって、前の人の背中に寄りかかってうたた寝するよりほかになかった。驚くほど劣悪な環境だったのだ。

そんな環境で四〇日間の修練会に参加するとは、それ自体が修行のようなものだった。そして、それを命じられた「すでに祝福を受けている女性信者」というのは、私たち二世から見れば自分たちの母親のことである。

それまでの私は、「実家の親はどれくらい〝信仰的〟か」「親は教会に対してどれだけ実績があり、貢献しているか」といったことを深刻な問題だと考えたことはなかった。だが、このときばかりはそれを避けられなかった。というのも、当時私が所属していた寄宿舎に住む生徒の母親は、ほぼ全員が着々とこの修練会に参加していったにもかかわらず、私の母だけがいつまでも未参加だったからだ。

子どもを中学から韓国に留学させるほどの信者であれば、教会に対して忠実であるのはもちろんのこと、なにかしらの目に立つ実績を持っていたり、教会内でしかるべき地位に就いていたりするケースが多かった。

しかるべき地位というのは、たとえば、統一教会系の出版社や教育機関の責任者だとか、「原理講師」（統一教会の教義書である『原理講論』の内容などを講義する役割の講師）として名をなしているといったことだ（「自民党議員秘書経験者」なども、そこには含まれる）。

私の両親には、そんな華やかな地位も経歴もなかった。

逆にいえば、そんな母が修練会に参加しなくても、私さえ黙っていればわからなさそうなものだ。しかし、このときは、女性信者（つまり母親）が四〇日間の修練期間を終えたら、最後は残りの家族も清平で合流し、一緒に何日間かの修練会に参加して「聖酒式」（ワインのようなお酒を飲む儀式）をおこなう、といった決まりになっていたのだ。

私の寄宿舎からは、二世の子たちが、母親の修練期間が終わるタイミングで続々と清平に旅立っては帰ってくるのに、私だけがずっと寄宿舎内に留まっていたため、かなり悪目立ちしてしまった。

このときはじめて私は、自分の両親が、信仰心が薄いか、儀式等への参加に熱意が見られない「不良信者」であることに対して、うしろめたいという意識を持ちはじめた。

まだ修練会と聖酒式に参加していない信者家庭は、もはや信者ではない――。

ついにはそんなお達しまで出されるようになった。同じ寄宿舎の二世の子の母親から、私の母に対して、参加を促すプレッシャーの電話までかかってきていたという。どうやら参加済みの人には、未参加の人に催促することが義務づけられていたようだ。

寄宿舎内で肩身が狭くなってきた私が、いたたまれなくなって国際電話で実家の母に状況を確認してみたところ、「お金がない」のだという。

悲しい矛盾

心臓病で倒れた父は、日雇い労働をしながら通院するような生活で、収入は安定していなかった。そんな中、この年の春からは姉が私よりひと足先に統一教会系のS大学に入学していた。その学費を支払うと、銀行の口座には四円しか残らない。清平どころではないというのが母の弁だった。行き帰りの旅費はもちろん、修練会への参加自体にもお金がかかるからだ。参加中は仕事も休むため、母の収入も途絶えることになる。

わが家は、清平修練会はおろか、姉の大学通学継続すら危ういというピンチを迎えていたのだ。このときの私の行動力は、今、自分で思い返しても、いささか常軌を逸していたと思う。プレッシャーのあまり、火事場の馬鹿力が出ていたのかもしれない。

私はまず、学校の担任の先生に、「卒業できる程度に学校を休むことはできないか」と単身で相談を持ちかけた。この頃には、統一教会系ではない普通の公立高校に移っていたので、その先生も当然、教会信者ではなかった。修練会のことは口に出さず、「父が心臓病で倒れて仕事ができなくなり、姉の学費もかかるので、お金がピンチ」という理由にした。それはあながち、嘘というわけでもなかった。

すると担任の先生は、卒業できるギリギリの出席日数を教えてくれた上で、休んでいる間に日本でバイトすることを了承してくれた。しかも、「大変だろうから」と一〇万ウォンまで貸してくれた。

ところが、そうして一人で算段をつけてから寄宿舎の先生に一時帰国する旨を報告すると、「こっちの迷惑も考えろ」と理不尽に叱られた。あのときのことは今でも忘れない。特に、「迷惑」という単語を強烈に覚えている。どうしてそんな言われ方をされなければならないのだろう。

清平修練会に参加できずにいる母へのプレッシャーをどうにか回避したいという一念で考え出したことなのに、寄宿舎の先生は、「生徒の一人が勝手に日本に帰ったら和が乱れる」といった全体のデメリットのことしか頭になかったようだ。

全体の「和」のことなど考慮してはいられない。こちらとしては、清平修練会に参加できない＝統一教会を破門になるかもしれないという瀬戸際なのだから——。

今にして思えば、いっそあのときに家族全員、強制的に統一教会を追われていた方が、その後、私が一般男性と結婚しようとした際などに揉めることもなく、心穏やかに暮らせていたのではないかとも思う。

もちろん当時は、そんな発想を抱くこともなかったものの、これがけっこうショッキングな出来事であったことは否定できない。教会の方針に従うためにやっていることなのに、教会の施設である寄宿舎の先生に難色を示されるとは思ってもいなかったのだ。

矛盾を感じて悲しかった。非教会員であるにもかかわらず私を助けてくれた学校の担任教師の方が、よほど「神」に近しい存在に思えた。

一時帰国してバイトに精を出す

ともあれ私は、寄宿舎の先生のぼやきは無視して帰国を強行した。片道のオープンチケットの残りを利用できたので帰国時にお金はかからなかったものの、担任の先生から借りた一〇万ウォン（両替して一万円ほどになった）がなければ、成田空港から自宅まで帰る交通費も出ない状態だったので、かなりの綱渡りだったと思う。

日本に帰り着いてからも、幸運な偶然が重なった。

私は「予備生」の期間を経ていたため、人より一年遅れていて、高校三年のこのときすでに、高校を卒業しているはずの年齢になっていた。しかも私は、文章を書くことが好きな父の影響で、パソコンがまだそれほど普及していなかった頃からワープロ専用機を持っていて、タイピングには自信があった。おかげで私は、本来、高校生には不可の、そして当時はまだ時給が高かった「データ入力」のフルタイムの仕事を、すんなり見つけることができたのだ。

母が無事、清平修練会へと旅立っていったのは、このバイトの最初の給与を受け取ったあたりのタイミングだった。

その母の欠を補うために、私は料理も覚えなくてはならなかった。父も料理は作れた。だが、当時の価値観からなんとなく、女の子である自分が父親に毎日ご飯を作ってもらうことを憚るような気持ちがあったのだ。もっとも、当時覚えた料理といえば、豚肉野菜炒めやカレーライスなど簡単なものばかりで、実のところ、主婦になった今でもそのレパートリーにはあまり変化がない。

また、大好きだったテレビゲーム（RPG）も、この一時帰国の間は完全に封印していた。普段の長い休みの帰国中には、バイトでどれだけ疲れていても、ゲームだけは絶対に外さずにやっていたのに。なんとなく、韓国で毎日、寄宿舎から学校に通っている二世仲間たちに義理立てするような思いに駆られていたのかもしれない。

こうしてバイトで家計を立て直した私は、再び韓国に戻り、学校への通学を再開した。母も無事に四〇日間の修練会を終え、その後は姉や私も含めて家族全員で何泊かの修練会に参加することもできた。

それが可能だったのは、今どう思い返してみても、出席日数について学校と交渉したり、割のいいバイト先を探したりと、私があらゆる行動を起こして奮闘したからだとしか思えない。

離教した今振り返っても、高校を休んでバイトに精を出してまで母を清平修練会に行かせたことにまったく後悔はなく、この出来事はむしろ誇らしい思い出として胸に残っている。

似たような経験をした二世の中には、「苦労して稼いだバイト代を親に持っていかれてしまった」と嘆いている人もいるだろう。それはその人にとっての悲劇であり、その悲劇性を私の尺度で否定することはできない。

私自身、このエピソードをTwitterで綴ったときには、「そんなふうに〝洗脳〟されてかわいそう」という論調で慰めの言葉をかけてくる人も多く、おかげでうっかりそんな気になりかけていたこともある。

しかしやはり、この経験は私にとって、悲劇でもなんでもないと思う。もともと口下手な上に韓国語も苦手だった私が、担任の先生にお金を借りてまで家族をサポートし、当初の目的を果たしたのだ。それはむしろ武勇伝であり、自分の限界を突破したという成功体験でもある。

この経験を、「洗脳されて搾取されたかわいそうな二世信者」という枠組みの中に安易にはめ込むのは、当事者である私としてはご遠慮いただきたいという気持ちである。ちなみに、学校を休む前に担任から借りた一〇万ウォンは、韓国に戻ってからきっちり返した。

韓国の大学に通う

私は高校卒業後もそのまま韓国に留まり、統一教会系のS大学に進学している。家計は厳しかったが、S大学の外国人向けの入学試験を受け、二年間分の学費が無償になる奨学生枠で合格することができた点は救いだった。このテストは、主として韓国語能力を確かめる程度の難易度の低いものだったが、それゆえにちょっとした引っかけ問題が解けるかどうかが命運を分けた。

ラッキーだったとしか言いようがない。

寄宿舎の仲間の家庭はどこも決して裕福ではない中、貧しい家庭から来ていると知られていた私が合格したことを、寄宿舎の先生は喜んでくれた。

もし奨学金がなかったら、おそらく日本に帰国していただろうと思う。両親は私の進路にあまり関心を示していなかった。二人とも「好きにしていいよ」とは言うが、そもそも彼らにはお金もないので、口も出さないのだ。ただ、やはり統一教会の信者である伯母(母の姉)が押しの強い人で、「絶対にS大に行きなさい」と強く言ってきたことがある。強く言うだけ言って、お金を出してくれるわけではないのだが。

私はS大学へ進学できることに、どこかほっとしていた。高校を卒業した時点で日本に帰っても、日本の一般社会に馴染むのはむずかしいのではないか、という漠然とした気おくれのようなものがあったのだ。それに、小学生までは日本で一緒に過ごしていた同い年の二世の仲間たちが、S大に入学すべく一斉に韓国に来ているのも、楽しみなことのひとつだった。

私は中学から韓国だった一方、その子たちは日本に留まっていたので、それ以降は離れ離れになっていたが、私が韓国の中学校に入学する前、「予備生」として一年間、韓国語の勉強をしたように、日本の高校を私より一年早く卒業していた彼らは、S大に入る前の準備段階として、S大附属の語学院で韓国語を学んでいた。

私がS大に入学すれば、今度は彼らと同じタイミングでS大の一年生となり、韓国でともに過ごせる。

S大での一年目は、「知っている二世がほぼ全員集合」といった様相を呈しており、統一教会の信者としては最高と言っていい気分を味わっていたのを思い出す。「人生をまっとうして霊界に赴き、死に別れた人々とそこで再会するのは、こんな気分なのかもしれない」と思ったものだ。

ふと、二世に囲まれてあれほど楽しかった自分が、なぜ信仰を捨てようと思ったのか、という疑問が湧いてくる。実際、教義それ自体には疑問を感じていても、教会のコミュニティの居心地のよさを理由に離教しない二世はたくさんいる。その気持ちは今でも、わからなくはない。

私は、中学からの寄宿舎生活で、兄弟姉妹がたくさんいるような環境で生きることになった。また、大勢の二世仲間とともにワイワイと楽しい時間を満喫することができた。いずれ教会を離れることになったとしても、その時間が楽しかったことは否定できない。

私の場合は、「こうしてずっとツルんでいても仕方がない。みんなと過ごした時間は、それはそれで十分に楽しんだのだから、そろそろ次のステージへ進もう」という気持ちだったのだろうと思う。

離教に至る経緯については、第5章であらためて語ろうと思う。

第2章　「二世献身プロジェクト」始動

1　教祖の三男の迫力に負けてつい参加を表明してしまう

流れで〝献身〟することに

二〇〇一年には、「オーナーシップ」というのが流行り言葉になった。

一般社会でのことを言っているのではない。「統一教会の二世信者界隈」というきわめて狭い領域においてそうだったというだけの話だ。ただ、当時の私にとっては、その狭い領域が世界のすべてだった。統一教会系のS大学の一年生となり、そろそろ成人しようかという頃のことである。

私の属するその世界に「オーナーシップ」という言葉をもたらしたのは、統一教会の教祖・文鮮明氏の三男である文顕進《ムンヒョンジン》氏だ。アメリカに生活の拠点を置いているこの三男が、S大学を訪れてきたことがある。二世信者たちに話したいことがあるとのことで、学内の二世信者ほぼ全員が集められていたと思う。

その日はたしか特別礼拝がおこなわれており、三男の話は「説教」として私たちに授けられた。説教とは、礼拝の場で「牧会者」（教えによって信徒らを導く立場にある人のこと）が語る神の言葉を意味する。

もっとも、三男はハーバード大学出身のビジネスマンである。その説教も、聖書や『原理講論』をめぐる宗教的な内容ではなく、どちらかといえば、聴衆の情熱を煽るビジネスセミナーを思わせるものだった。

「オーナーシップ」は、その説教の中に出てきた言葉だ。本来は「所有者であること、所有権」などを意味する語だ。三男はそれを「当事者意識」という意味合いで使っていた。

説教の眼目は、「二世信者も当事者意識《オーナーシップ》を持て」ということに尽きた。つまり、二世も一世が辿ってきたような苦難の道を「相続」（踏襲）し、「万物復帰」に励むべきだという論旨だった。「万物復帰」とは統一教会独特の用語で、教団の資金調達のために物品販売をし、売上金を教会の本部や特定のプロジェクトに献上することを意味している。サタン側に奪われてしまっている万物（財産）を神の側に取り戻し、「地上天国」を築き上げるべきだという考えのもとに、これが推奨されているのだ。

説教がおこなわれた正確な場所は覚えていないが、大学構内のどこかだったはずだ。信者が左右に分かれて地べたに座り、三男が真ん中に設けられた通路をしきりと前後に移動しながら語るという形式が取られていた。壇上から一方的に話すよりも、こうした方が信者と直接のコミュニケーションを交えながら説教することができるからだ。

三男の説教は、実はこの数年前、高校時代にも一度、寄宿舎で聞いたことがあった。そのときの彼は、説教のほとんどを英語で話していた。彼も含めて、文鮮明氏の「ご子女様」はほとんどがアメリカ育ちであるため、本来、英語の方が得意なのだ。

そのときは、アメリカから留学してきていた、英語のわかる二世信者ばかりが、通訳を介さずに三男の話を聞き取って盛り上がっていて、私のような日本人留学生は蚊帳の外に置かれていた。

寄宿舎は留学生専用だったため、聴衆の中に韓国人信者はもともといなかった。それでも三男

は懸命に韓国語でも話そうとしていた。「내가《ネガ》 한국말을《ハングンマルル》……」（私が、韓国語を……）とたどたどしい韓国語をとてもすまなそうに呟いていた姿を覚えている。

それから一年、二年を経る間に彼は、韓国語も飛躍的に上達していたらしい。S大での説教は、ほとんど通訳を介することもなく、流暢な韓国語でおこなわれていた。その様子に、私は素直に感心していた。

しかも三男は、韓国語力のみならず、指導者としての貫禄も身につけはじめており、語気に凄みが感じられた。

三男は、「一年間、大学を休学して献身しろ」と私たちに焚きつけていた。〈はじめに〉にも書いたように、統一教会における「献身」とは、二四時間をすべて教会での活動に捧げ、徹底的にそれに専念することを指している。

私は真ん中の通路に面したところに座っていたので、通路を行き来する三男の姿は目と鼻の先にあった。三男は、あろうことかこの私に視線を合わせた上で、「할거야《ハルコヤ》 안할거야《アナルコヤ》！」（やるのかやらないのか）と問いかけてきた。

咄嗟のことに、私は思わず、「할거예요《ハルコエヨ》」（やります）と反射的に答えてしまった。そう答えておいてから、「하겠습니다《ハゲッスムニダ》」（同じ「やります」という意味だが、より前向きな決意が感じられる言い回し）と言った方がよかっただろうか、などと、ニュアンス上の微妙な違いを過度に気にする自意識過剰ぶりを発揮していた。まだ思春期を引きずっている年頃だったのだ。

三男は、私が躊躇して黙り込むと踏んでいたのか、即答した私に若干、面食らったような顔をしていた。

説教が終わると、近づいてきた同期の二世仲間に、「やるって答えてたね、すごいね」と激励された。そうか、「やる」と答えてしまったからには、私が一年間休学して献身することは、すでに確定してしまったのか――。

なんだか取り返しのつかないことになってしまった気がした。

信仰心のない韓国人二世信者

数日後には、三男が発案したこのプロジェクトへの参加を促す募集が学内で正式にはじまった。

このプロジェクトには正式名称がある。私が参加した時点では名称が定まっておらず、仮の名称を使ったり、後日決まった正式名称が遡って適用されたりと少々ややこしいので、本書では便宜上、「二世献身プロジェクト」と呼ぶことにする。

二〇〇二年に丸一年間大学を休学して活動に参加する二世信者のS大生を対象としたこのプロジェクトは、当初、「一年間を三カ月ごとの四期間に分け、①日本②韓国③ヨーロッパでそれぞれ募金活動をおこなった上で、④アフリカでボランティア活動をする」という計画であることを知らされた。

一年間の献身を終えた学生には、二〇〇三年の復学時に、一年間分の学費が教会の負担で提供されるという特典があった。だが、それは私にとってのうまみにはならなかった。というのも、私はもともと、返還不要の奨学金を二年間受け取れるという条件で入学してきており、最初の二年間は実質的に学費の負担がかからなかったからだ。

三年生になった時点での学費が無償になるのならありがたかったのだが、タイミングからいってそうはならなかった。

ただ、私はすでに三男本人に向かって、「やります」と宣言してしまっていた。ヨーロッパに行けることにもちょっと心惹かれた。逆に、教会が立ち上げるプロジェクトにはよくあることで、始動して一年ももたずに立ち消えるという可能性もある。

また、はじめて試みられるプロジェクトに、リスクも顧みず逸早く名乗りをあげるというのも、なんだか信仰の堅さや忠誠心の証《あかし》のようで誇らしい感じがした。

ただの無鉄砲と言われればそれまでなのだが、奨学金も統一教会系の学校から出してもらっているものだったので、「教会への恩返し」のつもりで臨むなら、金銭的なメリットがなくてもかまわないと思えた。

こうして私は献身を決意し、正式に応募した。蓋を開けてみれば、総勢三〇名ほどの参加者のうち、韓国人信者は五、六人にすぎず、残りの二五名は日本人だった。韓国の大学で募集をかけた結果がそうなるのは、不自然としか言いようがない。どうしてそういうことになるのかについては、少し説明が必要かもしれない。

S大学は、そもそも日本から留学してくる二世信者の比率がかなり高い。そして留学までしてくる日本人は、教会に対してそれなりの強い忠誠心を持っていることが多い。

それに、韓国人の二世が親元から通ってきていたり、大学内の寮に住んでいたとしても週末ごとに実家に帰ることができたりする一方、日本人の二世は、長期休暇中しか家に帰れないケースが多い。家族からすでに切り離されている分、フットワークが軽く、思い切った行動を取りやすくなっているのだ。

S大学には韓国人の二世信者もたくさん通ってはいたが、信仰心がなく日曜礼拝に来ない学生が多く、そのような人たちは非信者の学生と見分けがつかないほどだった。募集をかけているプロジェクト運営サイドも、この比率差を是正しようとする意識は持っていないように見えた。

ちなみに運営サイドは全員、韓国人であり、このプロジェクトが成功すれば、それは彼らの実績となる。実際に各地に飛んで活動に従事するのは大半が日本人であることを考えると、ずいぶん不公平な印象がある。

当時は気づいていなかったが、この構図は、韓国側がすべてを牛耳っていて、日本人信者ばかりが滅私奉公を強いられているという意味で、統一教会そのものの縮図のようにも見える。

なお、このプロジェクトに参加した、数名しかいない「希少な韓国人二世」は、ビザ等の関係からか、日本での活動は困難と判断され、一足飛びにヨーロッパに向かってしまった。私にはそれが「特別待遇」に見え、羨ましく感じた。

はじめての「万物復帰」

明けて二〇〇二年の一月、私はすでに日本でキャラバンに乗っていた。キャラバンとは、内装を改造して中で寝泊まりできるようにしたワゴン車のことだ。

「二世献身プロジェクト」の参加者は、アフリカへの支援を旗印に掲げる某NGO（以下、「NGO・I」と表記する）や、「S会」と呼ばれる同種の団体の活動に便乗するようなかたちで、それぞれの団体に振り分けられた。

NGO・Iは、アフリカに学校を作るという名目で、支援先のアフリカから仕入れたレギュラーコーヒーの粉を、寄付金を上乗せした価格で販売していた。

一方、S会もアフリカを支援するという名目上の目的は変わらなかったが、こちらは雑巾やハンカチを売っており、それらの商品はたしか障害者が製作したもので、活動は彼らの就労支援にもなっているといった触れ込みになっていたと思う。

どちらの団体も、統一教会とは無関係という体裁で活動していたが、実態については言わずもがなである。

行動をともにするチームは、「マイクロ隊」と呼ばれていた。実際に使用しているのはワゴン車だった。しかし、初期の物品販売活動にマイクロバスを利用していた頃の名残でそう呼ばれていたようだ。

ひとつのマイクロ隊は七～八人から構成されており、私たち「二世献身プロジェクト」の参加者は、二～三人ずつ、それぞれのマイクロ隊に組み込まれていた。つまり、私たち以外の五～六人は、もともとNGO・IかS会の一員として活動していた人々ということになる。

私が割り振られたのは、NGO・Iのマイクロ隊だった。「二世献身プロジェクト」への参加者は全員S大生だったが、それ以外の人々は二〇代から三〇代の男女で、一世も二世もいれば、大学生だったり、子どもを持つ女性だったりと立場や事情もさまざまだった。

私たちに課されたミッションは「万物復帰」――すなわち、サタンの側に奪われた財産を神の側に取り戻すという名目の上でなされる、寄付集めが目的の物品販売だった。私にとっては、これがはじめての万物復帰体験だった。

実はこれまでにも私は、この万物復帰の思い出を文章に残そうと何度か試みたことがある。だが、思い出そうとするだけで、胃や胸が痛くなってくる。そして文章化することにも尻込みしてしまうために、挫折を繰り返してきた。

要するに、なにもかもがあまりに重いトラウマになっていて、なにも書く気がしなくなってしまうのである。

しかしこの機会に、感情は極力排除して、とにかく体験した事実だけを羅列してみることにした。

私たちのマイクロ隊が販売していたのは、先述のレギュラーコーヒーの粉だ。朝一番で一人ずつワゴン車から降ろされ、住宅街の中を歩いて巡りながら訪問販売をするのである。

普通のコーヒーの粉よりも高額だが、決してそのことを黙って売るのではなく、「寄付金が上乗せされているから高額なのだ」ときちんと説明する。ただ、その説明に添えなければならない決まりになっていた、「売上は全額現地に寄付します」のひとことには、「嘘」があったと言わざるをえない。

実際、私たち「二世献身プロジェクト」の参加者が立てた売上は、NGO・Iと「二世献身プロジェクト」で折半していたようなので、そこだけを見ても、「全額現地に行く」というシンプルな説明は誤りだったということになる。

説明の際は、本名と生年月日が書かれた写真つき身分証明書を提示し、求めに応じて領収証も発行していた。買ってくれた場合は、今までの寄付金でおこなってきた慈善事業の内容が書かれたパンフレットを、商品と一緒に手渡していた。

断片的ながら、強烈な印象とともに記憶に刻み込まれていることもある。

ワゴン車の中で朝食を摂りながら、かつて物品販売で伝説的な成績を叩き出した「Tさん」の功労話をカセットテープで聴いたこと。その日の営業に出向く前に、映画『トップガン』のサウンドトラックを再生しながら、当日の目標金額を一人ずつ叫んだこと。生理用品が入ったバッグを「マイポーチ」と呼んでいたこと……。

住宅街が対象の訪問販売であるため、朝の九時から夜の八時頃まで、しかも土日の休みもなく、週七日営業していたと記憶している。当日の営業目標が達成できていない場合は、活動時間を延長し、夜遅くに民家を訪問することもあった（当然、時間が遅くなればなるほど、訪問先の人に迷惑がられる確率も大きくなる）。

ただし、毎週だったか、月に一～二度だったかは覚えていないが、日曜日にはワゴン車の中で礼拝をしたり、営業を半日で済ませたりもしていたと思う。リフレッシュのために、日曜日をレジャーに充てたときもあったような気がする。

ともあれ、その日の営業活動を終えた後は、パーキングエリアで寝泊まりしていた。女性はワゴン車の中で、男性は身障者用トイレで、それぞれシートを敷いたり、寝袋を使ったりして眠るのだ。

そんな環境なので水虫にもなったし、どういうわけか太った。

影の薄い「R団長」と身近に感じた「隊長」

この「二世献身プロジェクト」の最初の任地である日本での活動は、このように「もともとあった日本の万物復帰システムに組み込まれるかたち」が取られた。日本での活動中、「二世献身プロジェクト」の責任者であるはずの運営メンバー（全員韓国人）の影は、ほとんど見た覚えがない。

たとえば、実質的に二世プロジェクトを指揮していたR団長。この人はS大学神学科出身の韓国人の二世信者で、顔立ちは今喩えるなら「江南《カンナム》スタイル」で有名な韓国のミュージシャンPSY《サイ》に似ており、年齢は当時で三〇代だったかと思う。

ちなみに、S大学の神学科は、主として統一教会の経典である『原理講論』を学ぶ学科であると把握している。もちろんそれだけではなく、一般的な宗教学や、統一教会以外の宗教についても体系的に学ぶことができると聞いているが、S大学の神学科に進むということは、統一教会の内部で公職（専従スタッフ）に就くか、あるいは牧会者になるという進路を選んだこととほぼ同義である。

このR団長とは、前年の説明会ではじめて顔を合わせ、次に会ったのはプロジェクト始動の出発式のときだ。その後、韓国での活動期間には親睦を深めることになる。だが、韓国人である彼は、日本でのマイクロ隊の活動には参加していなかった。

いずれにしても、「二世献身プロジェクト」のスタート時点でこの団長がいなかったことで、私は彼に対して親近感や忠誠心を抱くことができなかった。なんなら、存在を忘れてしまうほどだった。

その代わり、私は最初に所属した「七人ほどのマイクロ隊」には、チームとしての一体感を覚えていた。「隊長」のことを尊敬し、彼を慕うことで、信仰心も強化されていった。日本式の万物復帰活動を通じて、私は統一教会に特有の信仰の持ち方を実践的に学ぶことができた。

ここで私が学んだのは、寄宿舎生活で先生を敬ったり頼りにしたりするのとはまた違う、「心の支えにする、拠りどころにする」という心の持ち方だ。

「お父様」つまり教祖・文鮮明氏はあまりに遠く、存在を実感しづらい中、マイクロ隊の隊長をお父様の代わりと見立てることで、その命令（それは、お父様の命令でもある）を絶対視する姿勢が求められていた。そういう姿勢に、「自ら意図的に、進んで自分を近づけていく」という努力が必要だったのだ。

際どい喩えになってしまうが、祝福結婚の相手がマッチングによって決められたなら、無理やりにでもその相手を愛すべく自分を差し向けていくという感覚に近いかもしれない（私は祝福を受ける前に離教したため、この喩えが適切なのかどうか確信は持てないのだが）。

警察には言えないこと

もっともこうした姿勢は、度が過ぎれば、隊長に対して異性としての好意を持つことに簡単に繫がってしまう。しかしそれは「やりすぎ」であり、隊長はあくまで「お父様、父なる神」の代わり身なのだから、「父のように慕う」というレベルに留めておかなければならない。

その抑制が働かず、男性の隊長と恋仲になってしまう女性隊員も、過去には実際に存在したらしい。プロジェクトの活動として、のちにドイツに渡った際に同じチームになった二世の子から聞いた話だ。

あるマイクロ隊で男女の仲になってしまった隊長と女性隊員の二人が、ある日突然、一〇〇万円規模の売上金を手に行方をくらましてしまったというのだ。

「男女問題」（祝福結婚を経ずに男性信者と女性信者が性愛的な関係を持つこと）は統一教会においては最大の失敗とみなされるし、公金横領ももちろん大罪である。

ただ、お金を持ち逃げしたことはともかくとして、「隊長を、誰よりも尊敬する〝お父様〟と同一視する」という信仰の築き方を強いられる中、女性信者が隊長と恋仲になってしまうこと自体は、無理もないことだと思う。一歩間違えれば自分だってそうなっていたかもしれない、と私は妙に納得していた。

ところで、この駆け落ちの話を教えてくれた二世の仲間に、そのマイクロ隊では、持ち逃げされたことについて警察に被害を届け出なかったのかと私が無邪気に訊ねたところ、彼女は呆れたようにこう答えていた。

「何言ってんの、警察に言えるわけないじゃん」

その時点で私は、日本での活動を終えて数カ月を経ていた。そのときになってようやく、「そうか、私たちは警察に言えないような活動をしていたのか」と悟ったのだった。

それでなくとも、万物復帰と呼ばれるこの資金集めの活動は、精神的にかなりしんどかった。もちろん、車中泊を繰り返す形式なので、体力的にもキツかったのだが、当時は二〇歳と若かっただけあって、体力よりも精神的なキツさの方が上回っていた。

それでも私たちは、この世界はまだまだサタン側に奪われたままであり、そのサタン側のお金（万物）を少しでもたくさん集めて、統一教会側――つまりは「神の側」に「復帰」することが重要なのだと考えていた。

訪問先の家の人に邪険な態度を取られたときには、「〝お父様〟もこうやって迫害を受け、われわれはそれを追体験しているのだ」と解釈するようにしていた。

宗派・教団の別を問わず、宗教にはよく見られるものだ。統一教会にも、「つらい思いをすればするほど徳が積まれ、それが将来に起こる喜ばしいことに繋がる」とする考え方がある。それこそが「蕩減条件」である。《統一教会の基礎知識》にも書いたように、私はそれを「見えないポイント制」のように捉えていた。

高い営業成績を挙げられるかどうかは、実際には営業スキルの如何によるものだと思う。だが、どれだけ多くの物品を販売できるかという問題意識は、このように教義そのものとリンクしていた。よって、前線――つまり、寄付集めの現場では、より多くの実績を挙げている人の方が、より堅い信仰心を持っているように見えた。

自作の寸劇

こうした万物復帰の活動を一カ月も続けている間に、日本全国に散らばっていた「二世献身プロジェクト」への日本人参加者たちは、一人の脱落者を出すこともなく、全員揃って「バリ教」度を高めることに成功した。

「バリ教」とは、教会の教えや活動に「バリバリに」コミットする信者のことを指す。対義語は「ユル教」（コミットの仕方がユルい人たち）だが、いずれも統一教会内の一部で使われていたスラングであり、統一教会の正式な用語ではない。

そのように帰依心を高めることに繋がったという意味では、このプロジェクトは成功していたといえるのかもしれないが、難点もあった。プロジェクトの参加者が、数名ずつ別のマイクロ隊に振り分けられてしまったため、「二世献身プロジェクト」への参加者としての一体感が形成されなかったことだ。

それを補うためだったのかどうか、日本での三カ月に及ぶ活動の最中に、プロジェクトメンバーだけの修練会が開催された。私たちは、その間だけそれぞれが所属するマイクロ隊から抜け出して、会場へと馳せ参じた。

うろ覚えだが、場所は富士山の近くだったと記憶している。そのとき私たちプロジェクトメンバーは、万物復帰を題材にした寸劇を自分たち全員で考え、演じている。

子どもだましの馬鹿馬鹿しい話に見えるかもしれないが、当時、私たちがどのような考えのもとに、どんなマインドで万物復帰に勤しんでいたのかを、わかりやすく示してくれているとはいえる。また、『原理講論』に書かれているような統一教会の世界観も平易なかたちで取り入れられている筋立てなので、参考までに概要を紹介しておこうと思う。

主人公は、統一教会で万物復帰をはじめてまだ一カ月の新米である、二〇歳の青年・A君。「アフリカに学校を作るために寄付を集めている」という名目で、住宅地を巡り、一箱一〇〇〇円のレギュラーコーヒーの粉を売り歩いている。それが「お客様のために、教会のために、〝お父様〟のために」なると信じているからだ。

一応、注釈を差し挟んでおくが、万物復帰が「お客様」つまり商品を購入する人のためにもなるのはなぜかというと、神様の事業のためにお金を寄付したその人にも「蕩減条件」が積まれ、それがやがて救いに繫がると考えるからである。

その様子を、「霊界部長」とその仲間たちが、霊界（死後の世界）からモニタリングしている。彼らは、A君がどれだけの蕩減条件を積んだかを常に数値で把握しながら、より多くの蕩減条件をより早く積むことができるように、霊界からあの手この手でA君に働きかける。

たとえば、「善霊」を地上に派遣し、同調した地上の人間を操ってA君と引き合わせることで、A君に破格の営業成績をもたらして鼓舞したり、逆にA君が疲れや慢心から気を緩めれば、「悪霊」を派遣して同じように地上の人間を通じて「試練」を与え、A君がそれを克服することによって蕩減条件を積めるように計らったりする。

悪霊もまた、働きかけた人間に試練を克服させることで、自らも蕩減条件を積むことができるのである。

善霊や悪霊は、自分と似たタイプの地上人を探して「相対基準を結ぶ」ことで、その人を操れるようにする。「相対基準」とは『原理講論』に出てくる用語で、それを結ぶというのは、簡単にいうと、「コミュニケーションが嚙み合う状態にする」ことを意味する。

A君は、与えられた試練――ここでは、訪問先のお客様につらく当たられること――に屈しそうになるが、霊界で一喜一憂する霊界部長らの懸命の働きかけの甲斐あって、最終的には難関を切り抜け、みごとその日の営業目標を達成する。

だいぶ端折っているが、おおむねこんな調子の筋書きの中に、『原理講論』に綴られた教義をはじめ、「信者あるある」とでも言うべき要素をふんだんに盛り込んでいた。

インターホンを備え、家のローンを返済中であることが多い新興住宅地の家庭は、概して訪問販売に対して冷淡であり、万物復帰に臨む信者にとってはつらい現場であること、一箱一〇〇〇円のレギュラーコーヒーが六箱セットになった商品が「ビック」と呼ばれていたことなどがそれに当たる。

ちなみにこの寸劇に登場した「霊界部長」は、統一教会の教えとは無関係に、私たちが急ごしらえで作ったオリジナルキャラクターだ。このくらいの遊び心は許容される雰囲気だった。

これを見れば、統一教会員の頭の中がどうなっているのか、多少は理解が進むかもしれない。

さて、このようにして私たちプロジェクトメンバーは、マイクロ隊で学んだ統一教会らしい「信仰の持ち方」をメンバー間で共有する一方、日本での活動の残りを果たすため、再び数人ずつに分かれてそれぞれの隊に戻っていった。

そして日本での三カ月の活動を終えた私たちは、次なる任地である韓国へと移動した。

2　韓国を経てヨーロッパを駆け巡る日々

韓国で活動するメンバーは日本人だけ？

次は韓国での三カ月間の寄付集め活動ということになっており、私たち二五人ほどの日本人のプロジェクトメンバーは、ソウル市内にある統一教会の教会施設に身を寄せることになった。しかし、残り五人ほどの韓国人のメンバーは、ヨーロッパに行ったきり戻ってきていなかった。帰国の旅費がもったいないといった事情だったと記憶している。結局、彼らとの合流は、私たちが韓国での活動を終えてヨーロッパに移動してからということになった。

せっかく統一教会の本拠地である韓国で活動できることになったにもかかわらず、運営サイド以外はすべて日本人、という謎の状況が生まれた。これではほとんど「日本のプロジェクト」だ。にもかかわらず、それは韓国の統一教会の主管下に置かれ、その実績も彼らに帰せられるという点には釈然としないものがあった。

唯一、前進した点といえば、プロジェクトのリーダーである韓国人二世信者のR団長と、ようやく毎日一緒に過ごせるようになったことだろうか。おかげで絆は深まったと思う。この韓国のラッパー・PSY似の団長は、メリハリをもって厳しさと優しさを使い分ける、それでいてどこか楽観的なところもある人で、私はけっこう好きだった。彼は親日派でもあり、日本語もそこそこ話すことができた。

S大学には日本人信者がたくさん通っている。特に神学科は、韓国人と日本人の比率が半々くらいだと聞いていた。常に周囲から日本語が聞こえる環境で過ごしているうちに、R団長も日本人の学生から教えてもらうなどして、多少日本語がわかるようになったとのことだった。

語彙は限られているので、日本語ではそう深い話ができるわけでもなかったが、彼が日本語で話すときは「なんか」という単語を的確に多用するため、「日本語ができる感」が際立っていて、つい笑ってしまった。

ちなみにいえば、彼の奥さんも同じくS大神学科卒の韓国人で、プロジェクトの合間に何度か本拠地に訪れてきていた。この女性はR団長以上に日本語が流暢だった。

夫婦揃って親日派のR団長は、統一教会としての「教え」を日本から逆輸入するのにも積極的だった。営業成績を挙げながら同時に信仰心も強まっていくような日本式の万物復帰も絶賛してくれた。

おかげで私たちは、映画『トップガン』のサウンドトラックをかけながら営業目標や意気込みを絶叫するという、日本式の出発の儀式を、韓国での活動でも踏襲することになった。ただし、使用言語は韓国語に切り替えられていたが。

バスでの寄付集めか戸別訪問か

その韓国での寄付集めは、やや特殊だった。

「국《クク》제《チェ》학《ハク》생《セン》봉《ボン》사《サ》단《ダン》」(国際学生奉仕団)と名乗り、ダンボールで作った募金箱を携えて、バスに乗る。そういう活動をしている乗客は運賃が免除されるので、事実上の「無賃乗車」である。

運転者に一礼し、そのままバスの前方から大声で乗客全員に寄付を呼びかける。そして近くのシートから順を追って、乗客に募金箱を差し出しながら回っていく。次の停留所に着く頃にはひと通りの乗客のところを回り終えるので、バスが停まるとお礼の言葉を叫んで降り、次に来たバスにまた乗って同じことを繰り返すのだ。

私には、この韓国式の寄付集めの方が、日本での戸別訪問形式よりも性に合っていた。私個人としては、日本では一日中走り回っても一〜二万円の売上しか出せなかった一方、韓国では一日五〇万ウォン（約五万円）がアベレージだったと思う。当時は韓国の方が物価が安かったので、これには私自身が驚いていた。

日本の戸別訪問方式では、私と同じ程度の成績の人もいる一方、営業スキルの高い人は一日五万円程度の売上を達成したりしていたので、向き不向きは明瞭にあったと思う。ただ、かなり個人差が大きかったものの、韓国のやり方よりも日本式の戸別訪問の方が得意、あるいは「まだマシ」という人が多かったような気がする。

見ず知らずの人に「お金をください」と持ちかける行為はどのみちかなり心理的に負担がかかるのだが、バスの車内で大声で叫ぶのは、否応なく視線や注目を集めてしまう。恥ずかしいと思ったらすくみ上がってしまうし、実際、バス停のベンチに座り込んでしばらく動けなくなってしまうようなメンバーもいた。

日本式の戸別訪問なら、多くの人の注目をいちどきに浴びることもない分、まだしもストレスは少ないと捉えている人が多かったと思う。そういう意味では、私は少し変わり種だったのかもしれない。当時は、「知らない人にどう思われてもいいや」という投げやりな気持ちで居直っていたような気がする。

そのやり方が性に合うかどうかはあくまで人それぞれだ。しかし「このやり方は自分には合わない」と感じたとしても、運営側にそれを訴えるなどもってのほかだった。もしそんな行動に出れば、「自己中心的」とか「絶対服従できていない」、「サタンの誘惑に負けている」などと非難されることが目に見えていた。

統一教会では、「真のご父母様」には「絶対服従」することが求められる。実際に命令を下すのが末端の公職者やリーダーであったとしても、その命令は真のご父母様の命令と同一であるとみなされる。その点は、この「二世献身プロジェクト」でも変わらなかった。

とにかく、「愚直に蕩減条件を積むべし」とか、「神に愛されるような自分になるべし（そのために素直になるべし）」といった、信仰という名の「根性」を重視するような考え方に全体が支配されていた。

いずれにせよ、韓国での私は、そこそこの実績も挙げるし、韓国語もメンバーの中では比較的得意な方だったので、自分で言うのもなんだが、R団長にはけっこう気に入られていたと思う。実はそのことこそが、後々、スイスに移動した際に、現地の銀行への同行を命じられ、マネーロンダリングの現場を目撃することに繋がってしまう。

なお、S大学に通う日本人二世信者には、大きく分けて二つのパターンがあった。日本で高校を卒業した後で韓国に渡ってくる学生と、私のように、日本では小学校しか出ておらず、中学から韓国にある統一教会系の学校に通ってきた学生の二種類だ。

韓国での生活歴が長い私は、高校までは日本にいた他の日本人二世信者より、韓国語が少しだけ得意だった。ただしこれはあくまで、二〇〇二年時点の話だ。私より少し下の代になると、次第に日韓ミックスの二世・三世信者が増えていく。

私の両親が祝福を受けた一九七〇年代には、まだ日本人同士・韓国人同士の祝福結婚で生まれた家庭が主流だった。八〇年代以降、徐々に日韓カップルが増加していったのである。初期の頃はなぜ国際結婚が避けられていたのか、詳しい理由はわからないが、いずれにしても実態はそうなっていた。

わざわざ韓国に留学しなくてももともと韓国語ができる、「新人類」的な日韓ミックスの二世信者は、私から見るとなんとも羨ましい存在だった。といっても、私は自分と同い年の日韓ミックスの二世に会った覚えはない。そういうタイプが徐々に登場するのは、私の二〜三歳ほど年下の年齢からだ。私が参加した「二世献身プロジェクト」のメンバーの中にもミックスはいなかった。

私のような純粋な日本人二世に「羨ましい」と思われることも含めて、彼らには彼らなりの苦労がいろいろとあったのではないかと思っている。私が臆測で彼らの苦労を書くわけにもいかないので、これ以上は言及しないでおこうと思う。

とまあ、もともと韓国語ができる人を羨ましいと思いながら必死で身につけた韓国語についても、信仰をなくした今となっては、ことさらに得意に思うこともない。だが、韓流ブームやK-POPブームが吹き荒れている昨今では、韓国語能力を普通に羨ましがられることも増えてきた。世の中、わからないものだな、と思う。

ロシアへ旅立つ

さて、韓国での寄付集めの三カ月が終わったら、次の任地はヨーロッパということになっていたはずなのだが、行き先は急遽、ロシアとベラルーシに変更された。参加メンバーのパスポートが集められ、ロシア入国のためのビザ発行の手続きが進められた。ロシア、ベラルーシを巡った後は、そのままヨーロッパに移動することも告げられた。

ようやく憧れの外国（それも、韓国以外）へ行けると思ったら、胸が躍った。

二〇〇二年当時のパスポートのスタンプを確認すると、私は五月一九日の日付でロシアに入国している。韓国以外の外国に足を踏み入れるのは、私にはこれがはじめての経験だった。

それにしても、二〇〇二年といえば、サッカーのワールドカップを日韓で共催した年である。よりによってそんな年に、日本でも韓国でもない国に赴くのは、ちょっともったいない気もする。おかげで私は、日韓どちらの国でも、当時の熱狂に直接触れる機会を持てなかった。中学生以来、日本と韓国をさんざん往復する生活を送ってきた私なのに、間が悪いことこの上なかった。

もっとも私は、サッカーの試合、特に日韓の親善試合はあまり好きではなかった。試合のあった翌日に学校に行くと、日本が勝った場合も負けた場合もなんだか気まずかった。

いつだったか、姉と二人で大学の付近を歩きながら日本語を話していたら、見ず知らずの男性の集団に野次を飛ばされたこともある。ちょうどなにかの競技で韓国が日本に負けた直後だったらしく、イライラしていて腹いせの対象がほしかったのだろう。

サッカーについても、親善試合だかなんだか知らないが、親善どころか険悪になることの方が多く、そういう試合が開催されるのは、正直にいえば迷惑だった。それでいつしか私は、サッカーそのものにも興味を持たないようになってしまったのだ。

もちろん、私のようなひねくれた考えを持たずに、純粋にサッカーが好きという日本人信者もたくさんいたし、むしろそういう人の方が多かった。だが、サッカーがあまり好きではなくなっていた私は、一生に一度しかないであろう日韓共催のワールドカップにもさして後ろ髪を引かれることなく、ロシアへと旅立つことができた。

ロシア語はまったくわからなかったが、「Здравствуйте《ズドラーストヴィーチェ》」という挨拶のフレーズだけ覚えた。

ロシアの看板では、この〝д〟という文字（英語等の〝d〟に相当）を見るたびに、インターネットでよく見る顔文字の口の部分にしか見えず、その程度の教養レベルでロシアに来てしまったことをなんだか申し訳なく感じたものだ。

組織名を変えて活動する

ロシアやベラルーシでは寄付集め活動はせず、あくまで現地の信者との交流やボランティア活動がメインとなった。現地の孤児院を訪問したり、退役軍人の合唱イベントに呼んでもらったりした。ベラルーシでは、首都ミンスクの教会（たぶん、ロシア正教の教会だと思う）にも呼ばれた。ベラルーシの大物政治家が、私たちの拠点を訪ねてきたこともあった。

こうした外部の人々と交流する間、私たちが「統一教会」や「家庭連合」を名乗ることはなく、あるボランティア団体の一員として彼らと接していた。ほかの国で寄付集めをする場合も、当該の国ごとに活動実績のあるボランティア団体を名乗っていたので、特に違和感はなかった。

要するに、安倍元首相銃撃事件後にメディア等でさんざん取り沙汰された、「一見して統一教会とはわからない関連団体」として交流していたものと思われる。

ふと、当時の自分は、そのことをどう捉えていたのだろうかと疑問を抱いた。真の身上を明かさずに活動していたことを、「卑怯」だとか「正体隠し」だなどと思っていたのだろうか――。

正直、「霊感商法」や「合同結婚式」などを通じて、統一教会が世間から疎まれていることくらいは、私も重々承知していた。一九九二年、私がまだ小学五年だった頃に、桜田淳子さんなどの合同結婚式への参加が引き金となって教会がバッシングを受けたこともあったからだ。

それを思えば、バッシングを避けるために、教会が正体を隠したりぼやかしたりするのも仕方のないことだと思っていた。どういえばいいのか、私にとっては幼少の頃からそれが当たり前だったので、その点について罪悪感を抱くこともなかった。

喩えとして適切なのかどうかはわからないが、「雪印」の例がある。二〇〇〇年、雪印乳業は集団食中毒事件を起こし、それがきっかけで白と青を基調とした雪印らしい牛乳パックはスーパーの売り場から姿を消した。そして忘れた頃に、「メグミルク」というまったく新しいブランド名で、赤いパッケージの牛乳が売り出された。

私は「メグミルク」があの「雪印」を継承するブランドとは知らずに何度か購入し、何年かしてからその事実を知って驚いた。だが、そのときにはすでに「メグミルク」の牛乳を何度も口にしていたし、健康面に問題が生じた気配もなかった。もはや危機感も薄れてしまい、「まあ今となっては、〝あの雪印〟という目でメグミルク商品をあえて遠ざけるまでもないか」という意識になってしまっていた。

統一教会が名前やロゴマークを変えて悪いイメージを刷新するのは、たしかに卑怯かもしれない。しかし、それをせずにただ批判を受けつづけるべきだと言うのなら、雪印にも同じことを言ってやらなければならなくなるはずだ。

それではまるで、「問題点に対する改善が見られようが見られまいが、そもそも許す気がない」という姿勢で臨んでいることになりはしないか。

もちろん、雪印は事件を起こして批判を浴びたのちに、当時の販売元であった雪印乳業を解体し、体制も改善した上で「メグミルク」という新ブランドを立ち上げている。統一教会も、改善を伴わずにただ名義だけ変更しているのなら、批判を受けるのは当然のことだ。

ただ、信仰を堅持していた当時の私には、名前を変えて活動することが一概に悪いこととは思えずにいたということを理解していただきたい。

ともあれ、ロシアやベラルーシでの地元交流には、現地の若い統一教会信者も大勢関わっていた。私たちが直接関与したわけではないが、隣国のウクライナでもかつては宣教が盛んにおこなわれ、統一教会の信者は当時もいたし、現在もいる。

ロシアとウクライナの間で戦争が起きてしまった今、彼らはどうしているだろうかと気がかりではある。今も現役信者である姉は、ウクライナの家庭連合（旧統一教会）へのカンパを募っていたので、私はすでに信者ではないとはいえ、姉を通じて少額だけ寄付に応じた。

現役信者であるか元信者であるかにかかわらず、かつてのメンバーに有事があれば心配してしまうものなのだなとあらためて思った。

ドイツのおばあちゃんの思い出

ロシアとベラルーシでの交流の活動を終えた後は、次の寄付集め活動の舞台であるドイツへと陸路で向かった。二〇〇二年六月初頭のことだ。当初の「三カ月ごと」という任地切り替えの計画は微妙に変更され、ドイツでの滞在も二カ月に短縮された。

このとき、寄付集めをおこなう私たちの隊に、ベラルーシ人の若い信者が男女一名ずつ加わることになった。当時、ロシア周辺での布教ははじまってまだ日が浅かったため、その二人も二世信者ではなく、比較的最近「伝道」されて入信した未婚の一世信者だった。

女性は英語が上手なのに、男性は英語がまったく通じなかった。「アップル」とか「ペン」とか「デスク」といった基礎的な名詞すらわからないレベルだ。

実は、ロシアで出会った高校生くらいの若者たち（非信者）も、英語が通じないレベルはこのベラルーシの男性と同様だった。これは臆測にすぎないが、当時は一九九一年のソビエト連邦崩壊からまだ一〇年ほどしか経っていなかったため、学校で英語を教えていなかったのかもしれない。

彼らベラルーシの信者は、ドイツに移動して統一教会の活動費を集めるようなことにも、特段の違和感は感じていない様子だった。私たち韓国から来た二世チームと彼らが行動をともにしたのも、私たちがチャーターした大型バスに便乗すれば旅費が節約できると踏んだからにすぎないようだった。

そうしてバスでドイツに入国してようやく、それまで別行動を取っていた韓国人二世信者の献身プロジェクトメンバーと合流することができた。彼らはこのプロジェクトが始動して以来、ずっとドイツで活動していたからだ。プロジェクトの始動は一月だったので、すでに半年近くの期間が過ぎていた。

そうして少数派ながら本流である韓国人二世メンバーたちと合流できたのはよかったものの、同時にベラルーシ人一世メンバーも加わったために、もはや自分たちがどんなプロジェクトを遂行しているのかがよくわからなくなっていた。

それでも、さまざまな国出身の統一教会の信者が、さまざまな国に散らばって、世界平和のために力を合わせて働いているというこの状況は、大学でただ勉強しているよりもずっと刺激的で誇らしい、と妙な感動を覚えたのはたしかだ。

ちなみに、ドイツ語もわからないのにどうやって寄付集めをするのかというと、簡単な挨拶の言葉だけ覚えて、五〜六ページの冊子を持ち歩き、その内容を読んでもらうという方法だった。その冊子には、寄付を集めているという旨がドイツ語で書かれており、カラー写真も載っていた。

ドイツ語関連のエピソードとしては、ひとつ、強烈に覚えている出来事がある。

ある訪問先で出会ったおばあちゃんが、どうしても私になにかを伝えたいらしく、「アルター、アルター」と連呼してきた。しかし私には、「アルター」がなんであるかがわからない。辞書もないし、スマホもない時代だ。自動翻訳できる手段など手元にはない。おばあちゃんは、玄関に掲げてあったカレンダーの「19日、20日、21日」あたりの日付と私とを交互にしきりと指差しながら、なおも「アルター、アルター」と繰り返す。

こうなったらとことんまでつきあおうと思い、私は頭をフル回転させて、「アルター」の意味を探ろうとした。そのとき、「アルツハイマー」という言葉が頭に浮かんできた。たしか認知症といった意味ではなかったか。そういえば、医学用語にはドイツ語が多い。「カルテ」もドイツ語で、英語にすれば「カード」の意味だ。

ふと直感的に、「アルツハイマー」の「アル」の部分は、年齢と関わりがあるのではないかと閃いた。アルツハイマーは、年齢が関係する病気だからだ。

そして私は当時、二〇歳だったので、おばあちゃんがカレンダーの「19、20、21」あたりを指していた意味はほぼ明らかだった。私は確信をもって、片言のドイツ語でこう答えた。

「アルター、ミア（私）、アルター、トゥエンティー！」

ドイツ語で「20」をどう言うのかは知らなかったので、その部分は英語だったのだが、カレンダーの「20」を指差してそう言うだけで、意味はちゃんと通じた。おばあちゃんは、自分が知りたかったことがわかって、ご満悦だった。私たちは、互いに「チュース」（じゃあね）と言い合って別れた。

ちなみにこのTschüss《チュース》というのも耳で覚えた別れの挨拶の言葉だ。なんだかヤンキーの挨拶みたいだと思ったことを覚えている。

のちに調べたら、「アルター（Alter）」はやはり、年齢のことだった。ただし、「アルツハイマー

（Alzheimer）」は、この病気の発見者であるアロイス・アルツハイマー博士にちなんだものであり、年齢とは特に関係がないことがわかった。

つまり、それは間違った閃きだったわけだが、勝手に確信したことで年齢という正解に辿り着いたのなら、閃きとしての役割は十分に果たしていたともいえる。

このドイツ人のおばあちゃんとのやりとりは、この一年間の活動全体を通しても、一、二を争うほど楽しかった思い出のひとつだ。

3　スイスでマネーロンダリングの現場を目撃した衝撃

韓国人信者への違和感

私はそんな調子で、ドイツでは楽しく活動をこなしていた一方、ドイツで先に活動をはじめていた韓国人メンバーたちは、もう半年近くも同じ環境で寄付集めばかりしていたためか、モチベーションがダダ下がりしているようだった。

しかも彼らには、「万物復帰」の礎をなす、「教義に意識を向けながら寄付集めをする」という姿勢が、なぜかほとんど見られなかった。実際の活動に信仰心が取り入れられている様子もなく、ただ仕事としてなあなあでやっているだけであるように見えた。

それでは精神的に相当キツいだろうし、思わしい実績を挙げられるわけもないだろうと思った。そんな韓国人メンバーの一人、私にとっては後輩に当たる二世の女の子は、班長など、自分より立場が上のメンバーの悪口を公然と口にしていた。すでに「バリ教」（「1　教祖の三男の迫力に負けてつい参加を表明してしまう」参照）と化していた私には、その姿が信じがたかった。

私は思わず、彼女に向かって、「あなたの批判は、〝お父様〟の後継者として顕進様《ヒョンジンニム》を認めないという一部の傲慢な公職者と同じだ」といった、統一教会特有のこじつけめいた理屈で論難してしまった。

これには少し解説がいる。

「顕進様」とは、この時点ではまだ存命だった教祖・文鮮明氏の三男、この二世献身プロジェクトを発案した文顕進《ムンヒョンジン》氏のことだ。統一教会では教祖夫婦を「鮮明様」「鶴子様」と呼ぶことはないが、そのご子息については「名前＋ニム（韓国語で「様」）と呼ぶ。

その後、七男の文亨進《ムンヒョンジン》氏が表舞台に出てきて（両方ともカタカナで書くと同じ「ヒョンジン」なので紛らわしいが、韓国語では発音が異なる）、統一教会の宗教分野の後継者として公式に指名されることになる。だが、この時期には、後継者は三男の顕進氏一択の雰囲気だった。

それでも顕進氏の台頭によって、重用される人材が入れ替わるといった動きが起こったため、幹部たちがざわついたり、権力闘争が激しくなったりしているといった噂はちょくちょく流れていた。

私の発言は、そうした背景を踏まえてのものだった。

その韓国人メンバーは、私より歳下だったこともあり、「おお、オンニ（お姉さん＝女性から見た女性の先輩）の言う通りかもしれない」とわりと素直に聞いてくれた。

韓国は、統一教会の教義とはまた別に、もともと上下関係が厳しいお国柄である。それにしても、歳下の子に偉そうにこんなことを言うなんて、われながらいけ好かない「バリ教」だったと今では思う。

いずれにしても、このとき私は、信仰スタンスが確立していないこうした韓国人二世信者のメンバーとはじめて長く接することになった。それがきっかけで、私は統一教会内に見られる、韓国人と日本人の信仰レベルの逆転現象について考えを巡らせるようになった。

つまり、統一教会の本来のお膝元である韓国の信者よりも、この教団の教義においては「罪深い国」とされている日本の信者の方が、むしろ堅固な忠誠心のもとに熱烈な信仰ぶりを示すのはなぜなのかという問題だ。

「〝お父様〟も顕進様も、日本人ばかり見ている」といった批判が韓国人信者の間から起こることは、九〇年代後半からあったし、三男に重用されていた日本人幹部が、嫉妬に駆られた韓国人幹部に頬を張られたといった話も耳に入ってきた。いかにも韓国人らしい気性の激しさを象徴するエピソードだ。

日本人である私から見れば、韓国人信者の多くは、韓国人を「選民」とみなす統一教会の教義に、ただあぐらをかいているだけのように見えた。日本人信者と違って、彼らには厳しい献金ノルマなども課されていないのだ。

一方、教義上「罪深い民」というマイナスからスタートしている日本人信者は、罪を償うために常によりいっそうの努力をする。「罪の意識」というものは、宗教的に救われるためにはむしろ必須の要素なのかもしれない。救われるためのモチベーションとしてはそれが最強なのだ。結果として統一教会では、罪深いはずの日本人の方が韓国人よりも信者数が多くなり、文ファミリーからの関心や愛情もより多く勝ち取ることとなったわけだ。

韓国人信者でも真面目で意欲的な人たちには、むしろそんな日本人たちから刺激を受けて発奮するケースもあった。この二世献身プロジェクトのR団長などはその好例だ。それに引き換え、妬ましさから日本人幹部を殴ったというその韓国人幹部などは、幼稚極まりないとしか言いようがないと思った。

今、思い返してみると、文ファミリーと日本人信者の間のいびつな絆は、「共依存」のようなものだったのではないか。日本人のことを罪深いと謗《そし》る教祖と、罪を償いたくて必死になる日本人が織りなす、複雑怪奇な関係性だ。

日本人信者は、ことあるごとに呼びかけられる献金への要請にもいたって素直に応じていた。彼らは、常識では考えられない謎のスパイラルに陥っていたのだ。

なお、私は二〇〇四年から二〇〇六年頃にかけてゆるやかに離教していったため、文ファミリーの日本人信者びいきがその後も続いたのかどうかはよくわからない。

ドラクエを思わせるドイツ郊外での活動

さて、ドイツでの活動がその後どうなったかというと、マンネリを感じてモチベーションが下がっている韓国人メンバーには申し訳ないことに、私にはこの二カ月間が新鮮で楽しかった。その間は、ドイツ人と韓国人とで国際結婚した家庭や、統一教会のドイツ支部の教会などに泊まらせてもらっていた。韓国もそうだったが、車中泊でなかった分、ストレスは少なかったと思う。

この国で驚いたことのひとつは、バスや電車に乗る際のチケットの仕組みだった。バス停などに設置されている券売機でチケットを購入するのだが、乗車する際に誰もそれを確認しないので、その気になれば無賃乗車できてしまうのである。

抜き打ちで警官がチケットの有無をチェックしに乗り込んでくることもたまにあるが、約二カ月間のドイツ滞在中、ほぼ毎日バスを利用していたにもかかわらず、そういう場面に遭遇したのは一度きりだった。見つかった人は、その場で罰金を支払わされていたと思う。

それでバス会社はまっとうに収益を上げられているのかと疑問に思い、プロジェクトのメンバー同士でいつも話題に取り上げていた。宿泊させてもらっていた教会の責任者であるドイツ人女性に確認してみたところ、「ルールだからみんな守っている」との回答だった。どうやらドイツ人は規範意識が相当しっかりしているようだ、と納得させられた。

現在のドイツでもそうした風習が維持されているかどうかはわからない。二〇年ほど前の当時と比べて、今は移民や難民をたくさん受け入れているので、事情が変わっている可能性もある。

一方、私たちと行動をともにしていたベラルーシ人メンバーの活動の流儀にも、目新しさを感じた。

ベラルーシは、第二次世界大戦中、ドイツに侵略された過去を持っている（当時はソ連の一部だったが）。そのため、彼らにとってドイツは、韓国にとっての日本がそうであるようにまさに「怨讐の国」にほかならず、その地で寄付集め活動に挑む彼らの心中には、複雑な思いがあったようだ。

寄付集めの活動を終えて拠点に戻ると、メンバーのそれぞれがその日の体験を交互に証言し合う時間が設けられていた。印象的だったのは、ベラルーシ人の女性メンバーが、「今日はベラルーシがドイツに侵略された日で……」などと、歴史上の忌まわしい出来事と現在の寄付集め活動とをシンクロさせて、泣きながら活動報告をしている姿だった。

ドイツでの寄付集め活動は、ミュンヘンを中心としておこなわれた。ミュンヘンの街中はもちろんのこと、郊外の集落にまで電車で移動したりしていた。ミュンヘン以外の北部の都市にも足を延ばしたはずだが、残念ながら具体的な地名までは覚えていない。

どの都市だったか、ターミナル駅から「ＤＢ」と書かれた赤い車両の列車（今調べると、「ＤＢ」は日本のＪＲに当たる「ドイツ国鉄」＝Deutsche Bahn《ドイチェバーン》だったようだ）に五、六人で乗り込み、駅に着くごとに一人か二人ずつ下車して、それぞれのエリアで寄付集めをした上で、夕方、また合流して同じ列車で帰る、といった方式で活動していた時期もある。

　そのとき私は、あることに気づいた。

　駅と駅の間には田園風景が広がっていて、どの集落にも必ずひとつ、教会がある。ひとつの集落を中心として、「フィールド」がいくつも連なっているそのありさまには、見覚えがあると感じた。ロールプレイングゲームの「ドラゴンクエスト」と同じなのだ。

　集落に行き着いたら、まずはすべての「村人」に話を聞きにいって情報収集に励むのが、ＲＰＧの基本だ。寄付集めで一軒一軒、虱《しらみ》つぶしに訪問して「小銭」を貰い受ける点も、民家に入ってタンスを開けたり、壺を割ったりしてゴールドやアイテムをゲットするドラクエの仕組みとどこか似ている。ドラクエでは、勇者が魔王を倒すことを目的としており、民家ではその原資を集めているわけだが、寄付集めをしている私たち統一教会信者も似たようなものではないか――。

　しかもその背景になっているのは、ドイツという本物のヨーロッパの雰囲気満載の土地である。寄付集めのためにさまざまな集落を訪れていると、まるでゲームの主人公になったような気分だった。

　この類似に気づいた私は、ワクワクしながら寄付集め活動に精を出していた。

　そうして訪れたある集落で、小学一、二年生くらいの年頃と思われる女の子が、私の寄付集め活動に興味を抱き、その子の家から寄付を受け取った後も、私について回ってきたことがあった。親御さんがそれを止めなかったのが不思議だった。とはいえ、その女の子のおかげでその後の活動がはかどったのは事実だ。私が訪問していく先々で、その子が頼まれもせずに私たちの活動内容をドイツ語で説明してくれたからだ。

夕方になると、彼女は私になにごとかを訴えかけてきた。私にはドイツ語はほとんどわからなかった。〝morgen《モルゲン》〟（明日）とか〝zusammen《ツザメン》〟（一緒に）といった単語が聞き取れたので、「明日も寄付集めを一緒にやりたい」と言ってくれているらしいことがわかった。私は彼女に、〝Schule《シューレ》, Schule〟と懸命に伝えた。その日は日曜日だったため、翌日、彼女は学校に行かなければならないはずだと思ったからだ。

「あ、そっか！」というような表情を浮かべた彼女がとても残念そうにしていたため、私も名残惜しく感じた。そのとき私は、この日回った任地（つまり、女の子のホームタウン）のカラー地図を持っており、それが手のひらほどのサイズに小さく切り取ったものだったので、咄嗟にそれを使って小さな折り鶴を作った。

日本人にとっては、紙で鶴を折るなど造作もないことだ。女の子の喜びようは図抜けていて、鶴を折ることができて本当によかったと思うほどだった。女の子は、手のひらサイズからさらに小さくなった、カラフルな地図でかたち作られた「鳥」を、満面の笑みで大事そうに持ち帰っていった。

そんなふうに、ドイツではいろいろな出来事があったが、今となってはどれもみないい思い出である。

マネーロンダリングなのか？

ただし、このドイツ滞在中に一日だけ、陸路でスイスに移動したときのことばかりは、無邪気に「いい思い出」とは言いがたい。
それが正確には何月何日のことだったのか、今となっては正確に辿ることができない。問題の二〇〇二年に使用していたパスポートを引っ張り出して出入国のスタンプを確認してみたところ、スイスはおろか、ドイツに入国したスタンプすら捺《お》されていないことがわかったからだ。

調べてみると、どうやら、日本のパスポートを所持している場合、ＥＵ圏内の移動なら、スタンプが捺されないこともあるらしい。そういえば、どこかの国の入国審査で多数派の日本人はすぐに通過できたが、少数の韓国人メンバーの出入国手続きが長引いて待たされたようなことがあった気がする。きっと日本人だけ出入国のスタンプの捺印が省略されていたのだろう。そのときに「日本人はいいね」と団長だか韓国人メンバーに羨ましがられたような記憶もかすかに残っている。

六月二日に、ベラルーシからドイツに移動する際の経由地としてポーランドに入国したことが記録されているが、その次は、八月七日に韓国に戻った際の入国を表すスタンプとなっている。つまり、その間の二カ月は基本的にドイツに滞在しており、そのいずれかのタイミングで、一日だけスイスに赴いていたことになる。

スイスに行ったのは「一日観光」という名目で、Ｒ団長も同行していた。ただし、メンバーが移動に使った車には、法定人数より一人多く乗っていたため、ドイツとの国境を越える手前で、私と日本人の男の子だけが降ろされた。

その後は、車だけが先に検問所を通過してから、私たち二人が、そこまでずっと歩いてきたふうを装って国境通過を果たした（もちろん、怪しまれたとは思うが）。そして、スイス側の少し離れたところで、再び車に乗せてもらうという手筈を踏んだ。

チューリッヒに到着し、みんなでカフェなどに入ってくつろいでいるさなか、私はR団長に「ちょっと来い」と呼ばれた。もう一人、たしかS大神学科に通っていた日本人の오빠《オッパ》（お兄さん＝女性から見た男性の先輩）にも声がかかっていた。

私たちは、連れ立って銀行に足を運んだ。銀行は、天井の高い、石造りの宮殿のような建物で、どこか神々しい雰囲気があった。日本の銀行とは、背負っている歴史の重みも違うのだと感じた。ところがそこに着くなり、R団長はあらぬことを口にした。

「ここで世界のあらゆるお金が〝洗濯〟されるんだ」

神学科のオッパが、私たちプロジェクトメンバーが集めたお金を詰め込んであるバッグを、カウンター越しに係員に手渡した。

銀行は荘厳な佇まいで、犯罪などとは無縁な場所に思えるにもかかわらず、その瞬間、私の頭をよぎっていたのは、あるサスペンス小説に出てくる犯罪組織のことだった。真保裕一のサスペンス小説『ホワイトアウト』では、人質誘拐犯が、まさにスイスの銀行で身代金の資金洗浄をするという説明がなされていた。

後で知ったことだが、スイスは中立国で、現在は規制が厳しくなったものの、二〇〇二年当時にはまだいわゆる「黒いお金」の出所を見えなくさせるマネーロンダリングの恰好の舞台になっていたらしい。

今、私が目にしているのは、その〝マネロン〟の現場にほかならないのではないか——。

当惑した私は、同時に小学生時代のある出来事を思い出していた。

当時の担任の先生は、私が統一教会の二世信者であることを知っていた。その先生があるときふと、「まあ先生の教え子には、ヤクザになった子もいるからね」とどこか自慢げに言ったのだ。

そのときは、「どうして統一教会とヤクザを同列に並べるのか」と腹立たしく思ったものだ。しかし、目の前で起きていることに照らせば、先生の捉え方こそ正しかったのではないか、というやな敗北感が胸に襲ってきた。

なんなら、ヤクザのさらに上を行っているかもしれない。スイスの銀行で資金洗浄なんて、まるで国際マフィアではないか。いったいこれをどう受け止めればいいのだろう――。

私に声がかかったのは、先に述べた通り、なまじR団長に気に入られていたせいだろう。そのことをなんとなく恨めしく思いながら銀行から戻ると、ほかのメンバーは、アルプス山脈を見渡せるテラスのカフェで楽しげにコーヒーカップを傾けていた。

その無邪気さが羨ましい、と思った。たった今見てきたことを、この中の誰かにぶちまけてすっきりしたい。私は自分が目撃した場面の重さを、心の中で支え切れなくなりそうになっていた。

そのとき、あろうことか、『アルプスの少女ハイジ』の巨大な絵柄が目の前に現れ、通り過ぎていった。あのキャラクターでラッピングされた観光バスが、たまたまカフェの前を通過したのである。

アルプスの異国情趣に浸っていた日本人二世信者たちは、それでひと息に「日本的現実」に引き戻され、「えー、台無しー！」などと口々に憤慨していた。

スイスでもハイジが人気なのは、このときはじめて知った。

『アルプスの少女ハイジ』のキャラクターでラッピングされたバスが、「私たちスイスの物語が、日本の一流のアニメーターによってアニメ化された」という事実をスイス人たちが誇らしく思ってくれた結果生まれたものなのだとしたら、私たち日本人にとってももちろん誇らしいことだ。

それに、私たち日本人にしても、あのアニメのハイジを観たからこそ、アルプス山脈の景観に憧れるようになったわけだ。

だが、それとこれとは話が違う。せっかくスイスにまで来ているときに、あからさまに日本を思い出させるものなど見たくはないのだ。

この「ハイジのバス」騒動にかき消されて、銀行で目撃した「〝マネロン〟の現場」についての話を誰かにぶちまけることは断念せざるをえなくなり、私はそれをなんとなく自分の中に飲み込んでしまった。

しかしこの一件も、後々、離教を決意する要因のひとつにはなっていたと思う。

第3章　献身にのめり込む中で浮上してきた違和感

1　「公式」ではなかったと判明したプロジェクト

粗雑に扱われることを、受け入れつつ反発する

ドイツでの活動を終えた私たちは、来たときと逆のルートを辿り、陸路でモスクワまで行ってから、飛行機で仁川《インチョン》（韓国最大の国際空港がある都市）へと帰り着いた。そして、再び韓国での寄付集めがはじまった。

記録によると、二〇〇二年の八月七日から九月二九日までは韓国にいたことになっている。最初に聞いていた、「日本、韓国、ヨーロッパ、アフリカに三カ月ずつ」という計画は、プロジェクト進行中にどんどん変更されていた。実際には、ここまでのところ、日本三カ月、韓国一カ月半、ロシア圏二週間、ＥＵ二カ月強となっており、余すところは五カ月だった。

その段階でＲ団長が放ったひとことに、私は耳を疑った。

「やあ、みんな、なんとこのわれわれのプロジェクトが、顕進様《ヒョンジン》の公式プロジェクトとして認められたぞ！」

「え、ちょっと待って」と心中で叫ばずにはいられなかった。今、「公式と認められた」ということは、今までは公式ではなかったということなのか——。

私はこの場面を、献身を続ける間も、献身を終えてからも、何度となく思い返す羽目になった。それほどまでに驚きが大きく、心が千々《ちぢ》に乱れていたということだ。

しかし、たびたび反芻しすぎたせいか、当時の自分が正確にはどんな心情だったのかを、今となってはうまく思い出すことができない。反芻するたびに、自分の捉え方はコロコロと変わっていた。今、胸中に再現できるのは、そのときどきの自分が当てはめたさまざまな「解釈」ばかりだ。

「公式のプロジェクトではなかったのに、さもそうであるかのような触れ込みでだまされた」とか。

「結局は公式と認められたのだからそれでいいではないか」とか。

「そうすると、スイスで目撃した〝マネロン〟は、このプロジェクトが公式のものになる前だったから、あれは〝信者が勝手にやったこと〟という扱いになるのか」とか。

「芽が出てきて成功しつつあるプロジェクトだけ〝公式〟とみなすようにしているのだとしたら、三男もやり手だな」とか……。

あれこれと考えすぎて、当時の私自身がそれをどう受け止め、それに対してどういう態度を取っていたのかという肝心な部分は、すっかり忘れてしまった。ただ、どこかあきらめに似た心持ちになっていたことは、うっすらと覚えている。

私たちは、「公式」になるかどうかもわからず、失敗に終わるかもしれなかったプロジェクトに参加するために、一年休学というリスクを負わされたのだ。そんなぞんざいな扱いを受けていながら、「でも、私たちって、所詮その程度の存在でしょ」と受け流すような姿勢だったということだ。

あまりにも有名な『新世紀エヴァンゲリオン』というアニメの映画版である『ヱヴァンゲリオ

ン新劇場版・序』に、主人公・碇《いかり》シンジとヒロインの一人・綾波《あやなみ》レイによる以下のような会話が差し挟まれている。

シンジ　綾波は、なぜエヴァに乗るの？
レ　イ　絆だから。
シンジ　父さんとの？
レ　イ　みんなとの。
シンジ　強いんだな、綾波は。
レ　イ　私には、他に何もないもの。

このアニメについての詳しい説明は省かせてもらうが、ここで描かれているのはつまり、「他の選択をしたら、家族や友だちなどとの絆が失われることになる」という子どもの立場なのだと私は思っている。だとすれば、このアニメには私にも大いに共感できるところがある。

そもそも私は、最初から統一教会の一員として生まれた。両親はそれぞれ、若い頃に独身で統一教会に入信し、合同結婚式を通じてパートナーとして引き合わされた。そうして新しく成立した「祝福家庭」に産み落とされた私は、生まれながらに「祝福二世」だった。

その私自身も、結婚までは純潔を守り、教会が決めた相手と合同結婚式で祝福を受けて、また新たな「祝福家庭」を作っていく。――そのルートだけが、私にとっての将来の選択肢として与えられていた。

結婚のみならず、学業にしても、万物復帰による資金集めにしても、教会に貢献できるかどうかで自分自身の価値が決まるのだと信じ込んでいた。それを通じてつらい思いをするかどうかは問題ではないと思っていたし、「自分がどうしたいか」など、考えたこともなかった。

だから私は、ある意味で、粗雑に扱われることにも慣れていた。「公式」と認められてすらいなかったプロジェクトのために大きなリスクを負わされたことについても、それを知った時点では、「粗雑な扱い」と認識することもできずに受け入れてしまっていたような気がする。

しかし、人間とは不思議なものだ。本能のレベルでは、そんなふうに割り切ることなどできていなかったのだと思う。心の奥底では、「粗雑な扱いはやめて！」と叫びはじめていたのではないだろうか。

R団長のひとことは、「この活動は、これまで公式のものとは認められていなかった」と明かしているようなものだった。この出来事は、心の深い部分で、確実に「離教」へと結びついていったと思う。

逆に、寄付集めという教会の活動の「前線」に駆り出されなければ、そもそも私は離教することにならなかったのではないか、とさえたびたび感じるのだ。

「恋愛禁止」のはずなのに

韓国での活動中は、ソウルにある教会の施設を使わせてもらったり、韓国CARP（原理研究会）の会長が激励に来てくれたりしていた。

CARPは、統一教会の経典である『原理講論』を研究する大学生のサークルだ。実際には、「学生が所属する教会」というイメージに近かった。

日本の原理研究会のことはよく知らないが、韓国では、大学の近くに「学舎《ハクサ》」と呼ばれる一軒家が設けられており、メンバーはそこで共同生活をしていた（なお、韓国CARPの会長は、学生ではなくて中年男性の統一教会公職者が務めていた）。

そんなふうに、プロジェクトが公式に認められる以前から、待遇自体には特に不満はなかったのだが、公式化してから起きた明らかな変化もあった。たとえば、私たちが根拠地にしていた教会に、三男の文顕進氏が立ち寄り、説教してくれるようになったことはその一例だ。

また三男は、私たちプロジェクトメンバーを、ソウル市内にある「TGIフライデーズ」という店に連れていってくれたこともある。「古きよきアメリカ」をコンセプトとしたカジュアル・レストランである。

ただ、そこで目にした光景には、私は気おくれを感じるばかりだった。シャツのボタンをなぜか二つ目くらいまで外して恰好をつけている三男に、二世信者仲間の女の子たちがキャーキャーと黄色い声を上げているのだ。私も適当に調子を合わせはしたが、本心ではそのノリが苦手だった。

統一教会では、恋愛そのものが御法度である。とはいえ、「異性の魅力を語ること」や「異性に魅力を感じること」まで禁止されていたかというと必ずしもその限りではなく、二世信者の間でもそのあたりはグラデーションになっていた。

私個人は、特定の異性について「好きか嫌いか」を語るのは避けていたが、周辺の人たちは、ある異性について「かっこいい」と評する程度のライトな話題なら、特にタブー視することもなく平然と扱っていた。

その手の話題を私が苦手に思っていたのは、生い立ちに加えて、生来の性格を原因とするものだったと思う。

統一教会の二世信者には、「祝福二世」と「信仰二世」という属性の違いが存在する。「祝福二世」とは、合同結婚式ではじめて夫婦となって作った祝福家庭、もしくはもともと夫婦だった二人があらためて合同結婚式に参加し、一定の「聖別期間」（性的な交わりをせずに過ごす期間）を経てから作った祝福家庭のいずれかから生まれた子どもを指す。

私はその祝福二世（私の場合は前者のケース）だったため、物心ついた頃から恋愛——特に異性と肉体関係を結ぶという行為は「堕落」の最たるものと教えられる環境の中で育った。

一方で「信仰二世」とは、もともと夫婦だったカップルが形成する「既成家庭」にすでに生まれていた子どもが、親と一緒に入信した場合に使われる呼称である。

信仰二世の場合、入信したタイミングにもよるが、異性や恋愛に対する世間一般と同様の認識を、入信後も保持していることが多い。中には、「初体験」を済ませてから入信している子たちもいた。高校まで、「二世といえば祝福二世」という環境で過ごしていた私は、彼ら信仰二世とS大学で一緒になった際に、相当なカルチャーショックを受けた。

そんな彼らには、魅力的な異性を自然に「かっこいい」「かわいい」と表現できる天真爛漫さがあった。

そうした生い立ち——育った環境で育まれた価値観の違いもあったとは思うが、私の場合、単に素直すぎた可能性もある。親や教会が教える、「堕落、ダメ、絶対」という価値観を真に受けすぎて、異性の魅力を語ることすら自らに禁じていただけなのかもしれない。

それ以前に、もともとアニメやゲームが好きなオタク気質だったことも手伝って、恋愛にも異性にも苦手意識を持っていた。

宗教の家庭に生まれていなくても、現実世界でリアルな恋愛に対峙するよりは、二次元に逃げるタイプだったと思う。私の初恋の相手はコミック『SLAM《スラム》 DUNK《ダンク》』の流川楓《るかわかえで》だし、次に好きになったのはゲーム『ファイナルファンタジーⅦ』のキャラクターであるクラウド・ストライフだった。

そもそも、現実の異性は苦手だったのだ。

そこへ、若い三男（二〇〇二年当時は三三歳前後）が教祖の後継者として統一教会内で脚光を浴びはじめ、本人もノリノリでカッコつけている姿を見せつけられたわけで、私としてはどう応じていいのかわからなかった。

正直、恋愛を語らなくて済む統一教会内部の環境に、私は居心地のよさすら感じていたのに、三男が登場するたびに「キャー！」と私も歓声を上げなければいけないような雰囲気に取り囲まれてしまった気がして、心が安らぐことはなかった。

教会内で起こった「時代の変わり目」に、私はついていけずにいたのである。

それにしても、「お父様」は常日頃、「異性を誘惑してはいけない」とあれだけ繰り返し説いていたくせに、その「ご子女様」の一人である三男はなぜ、第二ボタンまで外して女性信者たちの気を惹こうとするのか。お父様の家庭では「子女教育」がなっていないのではないか、と憤慨せずにはいられなかった。

ちなみに「子女教育」とは、統一教会の二世信者が守らなくてはならない戒律などを教える教育のことである。

デリカシーなき教会長

さて、プロジェクトが公式と認められたことと関係があるのかどうかは不明だが、私たちが韓国で拠点にしていた教会の「教会長」も、私たちの活動に口を出すようになっていた。

名前を忘れてしまったので、仮に「K教会長」と呼ぶことにするが、この人の説教には、いくつか引っかかるものがあった。それは、「自分たちが教会に粗雑に扱われている」という認識をさらに増幅させる結果をもたらしたと思う。

ひとつ目は、彼が説教の中で語ったこんなエピソードだ。

将来有望な東大生の信者が、寄付集めの活動にあまりにも熱心に取り組んでいるのを見て、「お父様」がこう言ってたしなめたというのだ。

「おまえは優秀なんだから、寄付集めなんかせずに勉強しろ！」

説教を聞いていた私たちの間に、「えっ……?」という空気が流れた。

私たちプロジェクトメンバーは全員、S大学の学生である。そしてS大は、難関大学とはいえない。そのS大学を一年間休学して私たちが「献身」のために臨んでいるのは、まさに寄付集めだ。そういう私たちに向かって、この人はなぜわざわざ説教のかたちでこんなことを語るのか。

自分たちが、将来に期待できる優秀な東大生とは違うことは、あえて口に出しては言わなくても、誰しもわかっていた。でも、こんな話をされたら、まるで「おまえたちは勉強ができないのだから、無能であってもこなせる寄付集めでもやっていろ」と言われているようなものではないか。

私たちが寄付集めをしていたのは、私たちなりに教義に沿った意義を感じていたからだ。資金集めの過程で味わうつらい経験には、教義的には、「立志伝中の〝お父様〟が迫害を受けた際の心情を体恤《たいじゅつ》（追体験）したり、「実体的な万物を復帰」（サタン側から神の側へと実際のお金を取り戻すこと）したりするという意味がある。

東大生だって、寄付集めなどの活動を通じて蕩減条件を積んでからの方が、勉強もはかどるかもしれないではないか――。

当時はそんなふうに感じて内心、反発していたものだ。しかし、それから二〇年以上が過ぎた今になって思い返すと、「教義に沿った資金集め」など、結局のところ、建前にすぎなかったのだということがよくわかる。

たしかに、相手が東大生なら、資金集めなどをさせるよりも、勉強させて栄達の道を歩ませたり、社会的に高い地位に就かせたりした方が、後々の統一教会への貢献度は高くなるに違いない。効率だけに目を向ければ、その方がいいに決まっている。

逆に、その見込みがない私たちのような「勉強のできない」学生は、寄付集めに駆り立てるなど、粗雑に扱ってもかまわないという意識が、教会の幹部たちにはあったのではないだろうか。ただ、そうは言えないので、資金集めにも教義上は重要で深遠な意味があるのだという建前を堅持していたのだ。

そういう意味での、「教義という隠れ蓑をまとっておこなわれる粗雑な扱い」――教会での活動、特にこのプロジェクトでのそれを通じて、私はそれに薄々気づいていくことになる。

ただ、気づいたところで、後には引けない。

仮に後に引くとしても、どこまで戻ればいいというのか。それこそ、両親が祝福を受けて私が生まれる前の時点まで遡らなければ、本当の意味でやり直すことなどできないではないか。

私のスペックは、その東大生とは比較の対象にならないほど劣ったものかもしれないが、低いスペックなら低いスペックなりに、教会に対して貢献していかなければならないのだ。それをしなければ、教会《ここ》では自分の価値を認めてもらえないのだから――。

それはまさに、『新世紀エヴァンゲリオン』の綾波レイが感じている自己の存在理由のようなものだった。

そう思いなした私は、疑問を感じてもそれに蓋をして、自分をごまかしながら活動を続けていくよりほかになかった。後々、それがごまかし切れなくなったことが離教に繋がったわけだが、この時点ではまだ、自己欺瞞が立ち勝っていたと思う。

だから、K教会長が説教の中で明かした、「学歴に基づく差別的な待遇」についても、スイスで目撃した〝マネロン〟の現場についての話同様、二世献身プロジェクトのメンバーと意見を交換することはなかった。

愚痴をこぼしたところで、自分たちが粗悪品のように思えて虚しくなるだけだろうし、ひいては寄付集めの行動に出るモチベーションを失ってしまいそうだったからだ。このK教会長は、そもそもデリカシーのない人だったと思う。説教の中で、一九九五年に起きた阪神淡路大震災に触れたときもそうだった。

「発表される死者の人数が増えるたびに、〝どれどれ、どこまで増えるか見てやろうじゃないか〟と思っていた。しかし、在日同胞（在日韓国・朝鮮人）の犠牲者数が発表されはじめた途端に、〝それはならん！〟と思った」

そんな話を、私たち日本人がいる前で平然と口にするのだ。

心の中でそっとそんなふうに思う場合もあることはわかる。私たち日本人も、たとえば海外で大きな事故が起きたときなどに、「被害者に日本人はいませんでした」と報じられているのを耳にして内心、ほっとしたりしているのだから。

だからといって、K教会長の話は、三〇人中、六分の五に当たる二五人ほどが日本人信者によって構成されているプロジェクトメンバーの前で語るべき内容であったとは思えない。聞いている私たち日本人が微妙な空気を醸し出すのを、さすがのK教会長も察知したのか、「そう思ってしまうくらい、〝怨讐の国への恨み〟は強いんだ!」とごまかすようにして話していた。

マザー・テレサの心境に近づく

そんなK教会長から聞かされた、もうひとつの「引っかかる」説教というのはこれだ。

ある日本人信者が、寄付集めの物品販売を七年もぶっ続けでこなし、その間に新しい下着を買うことすらできなかった。その話を「お父様」は釣りをしながら人づてに聞き、憐れみの涙をこぼしたという。

K教会長は、「かわいそうと思ってくださるお父様のなんと慈悲深いことか」と言いたくてこの話をしたのだろう。しかし、もしもこの話が本当だとしたら、文鮮明氏はメシアとしてまったく資質を欠いている、と私は思った。

たしかに、精神的にきつい寄付集めの現場に立つ自分を、憐れだと感じる瞬間はある。でも、それはこの現世の誤った基準にまみれた世俗的な欲望(堕落性)を脱却できない状態に陥ったときに限られた話だ。

この世の価値観に照らせば「憐れな」末端の仕事かもしれないが、この万物復帰という活動は、「復帰」という名のついている救いのみ旨《むね》のひとつなのだ。しかも、それを通じて自分個人の蕩減条件を積むこともできる。

それなのに、お父様はどうして憐れむのだろう? ひょっとしてお父様は、万物復帰の意義を理解していないのではなかろうか?

末端信者にその意義を信じ切ることができないのはまだわかる。しかしお父様は、仮にも自らメシアを名乗っている人物ではないか。それなら、そうした末端の仕事でつらい思いをしている信者については、憐れむのではなく、堂々と褒め称えるべきなのではないか。

それが当時の私の思いだったのだが、こんなことを言うと、非信者（信者であった経験もない人）からこんな声が聞こえてきそうな気がする。

「そもそもあなたは、〝真のご家庭〟と呼ばれる文鮮明一家が、アメリカにある文ファミリーの豪邸である宮殿のようなイーストガーデンで贅沢三昧な生活を送っていることを知っているの？それも知らずに寄付集めに励んでいたんじゃないの？」

もちろん知っている。ほとんどの統一教会信者は、それを知っているはずだ。それでいてどうして、文氏のファミリーを羨むこともなく、末端のつらい仕事に邁進することができるのか。それについては、ある逸話が参考になるかもしれない。

マザー・テレサと英王室のダイアナ妃は友人だった。ある日、「豪奢な暮らしをしているダイアナ妃が羨ましくならないのですか？」と誰かが訊ねると、マザー・テレサはこう答えたという。

「神様は、私にスラム街へ行きなさいと言われました。そしてダイアナ妃には、宮殿にいなさいと言われたのです」

この逸話を知ったのは私が統一教会を離教してからのことだ。現役信者であった時代、自分がなぜ〝真のご家族〟を羨まなかったのか。その理由が実に納得できた。

神は、文氏のファミリーには「宮殿」にいろと命じ、私たちには寄付集めの現場である「前線」にいろと命じたのだ。当時の私がそんなふうに捉えていたのだと考えれば、すべてが腑に落ちる。私は知らず知らずのうちに、マザー・テレサに似た心境に至っていたのだということだ。

事実、「前線」にいることは、私にとって単純に誇らしかった。

これはもしかすると、私だけが持ってしまった「行きすぎた信仰心」だったのかもしれないが、自分と他人とを比べて、「あの人の方がキラキラしていて羨ましい、ずるい」などと妬んで何になるのかという思いは、今でもある。

なんにしても、「現在のこの状況は神が与えたものだ」と考え、受け入れるという信仰心の持ち方が、よくあるものであることは事実だろう。

昨今、よく取り沙汰されている「宗教二世問題」としては、一世信者である親から二世が、「こう考えなさい」と特定の思想を押しつけられたことなどが問題視されているが、私の場合はそれとも違っていたと思う。

教義などを教会や両親から「まんまと植えつけられた」と言ってしまえばそれまでだが、統一教会特有の考えを抵抗なく受け入れ、それが正しいのだと思い込むことができただけ、苦痛もなくてむしろラッキーだったのではないかと思うこともある。

いわば私は、「信仰という麻酔がよく効く体質」だったのだ。

そういう私のケースが、他の二世たちにもそのまま当てはまるとは思っていないし、「二世だから」という共通点だけで、ほかの人にもそう簡単に当てはまってたまるか、という思いもある。

「マザー・テレサの心境になれた」なんて（たとえ、そう思い込んでいたにすぎないにせよ）、どれだけ稀有な経験であったかと思う。これは、私だけの貴重な体験だったのだ。

いずれにせよ、この頃の私は、まさにマザー・テレサ並みのあまりにもストイックな信仰の境地に辿り着きつつあった。そんな私から見れば、自分自身に教義を信じ込ませる度合いが足りていないように見える文鮮明氏の逸話には、違和感を抱かずにはいられなかったのだ。

そうした違和感が、少しずつ、私の信仰の中の綻《ほころ》びを大きくしていったのだと今では思っている。

「洗脳」という言葉はあまり好きではないのだが、世間一般での通りのよさを考慮してあえてその言葉を使うとすれば、教祖である文鮮明氏には、いわば「自己洗脳」が足りていなかったとも言える。そんな教祖の態度こそが、私自身の「洗脳」を解くことに繋がっていったのだとすれば、皮肉と言うほかない。

寄付集めに血道を上げていた日本人信者を文鮮明氏が憐れんだというそのエピソードが、実話だったのか作り話だったのか、今となってはわからないが、これを聞かされたことが、のちに私が離教を決意するにあたって、理由としてかなりの割合を占めたことはたしかだ。

2　殉教への憧れとイギリスでの信仰的な体験

活動中の信者がアメリカで殺害される

そうして韓国で活動中のある日、ショッキングなニュースが伝えられた。アメリカの「STF(Special Task Force)」(私たち韓国チームがおこなっていた活動の姉妹プロジェクト)に参加している同世代の女の子が、訪問先のスラム街で暴行を受けて殺害されたというのだ。

アメリカのチームがおこなっている活動も寄付集めなので、とても他人ごととは思えなかった。しかも私は、その殺された女の子と中学時代に同じ寄宿舎に寝泊まりしていて、直接知っていた可能性が高いのだ。その子は、私よりひとつ下の学年で、一年間アメリカから韓国に留学に来ていた(アメリカは学年の遅れをあまり気にしないか、もしくは飛び級制度で遅れを取り戻せるからか、一年だけ留学に来る中学生が多かった)。

「覚えてる? ケガをして松葉杖をついていた子いたじゃん、被害者はあの子らしいよ」と、同じ寄宿舎出身の二世仲間が教えてくれた。学年が違ったこともあり、その子とは言葉を交わす機会はほとんどなかったが、たしかに姿を見た記憶があった。

彼女は、そのケガの一件もあった上で今度の惨劇に見舞われたわけで、統一教会的に言うなら、「蕩減条件」(この場合は、つらい体験を通じて積まれる徳)を引き寄せやすい「犠牲体質」なのだということになるが、離教した今、思い返すと、あまりにも非常識で乱暴な評価だと思う。

K教会長によると、この一件は顕進氏が殉教扱いにしたため、彼女は統一教会の中でも特に身分の高い人々向けに設けられている墓地に丁重に葬られることになったという。

それ自体は非常に名誉なことであり、彼女の両親はそれに感じ入っていた。そして、「蕩減条件」を積ませてもらえたことについて、加害者に直接、礼を言いに行こうとして、さすがに相手方の弁護士に面会を断られたといった話も伝わってきた。

もっとも、これも話の信憑性に今ひとつ信用が置けないK教会長が言っていたことなので、墓地のことや両親のふるまいについては、どこまで本当のことなのかはわからない。いずれにせよ、この出来事は、まだ二〇歳と若かった私には、危険な作用しかもたらさなかった。

「信者としての活動中に亡くなったことが原因でこれだけチヤホヤされるのなら、もう祝福を受ける(合同結婚式で教会が決めた相手と祝福家庭を作る)ことなど考えずに、〝殉教〟さえできればいいのではないか」

そんなふうに思うようになってしまったのだ。殉教すれば、教義に則った「救い」が得られることは確実だからだ。

順当に考えれば、「アボジ・マッチング」――文鮮明氏が直々にふさわしい結婚相手を教会内で見繕い、引き合わせてくれるという触れ込みになっていた祝福結婚を待ち、それを通じて救われるのが、統一教会信者の進むべき道だ。

しかし、そういうかたちで祝福家庭を作った、私より少し上の世代の二世カップルには、夫婦関係がうまくいっていない人も少なくなかった。

教会によって授けられた祝福を壊す――つまり、祝福結婚によって成立した夫婦関係を解消することについては、まだ許されるのかどうかが微妙という時代でもあった。万が一、祝福結婚がうまくいかなかった場合は、どうすればいいのか――。そんな不安は、私たちの世代には常につきまとっていた。

そこへ降って湧いたように立ち現れてきた「殉教」という考えに、私はすっかり魅了されてしまったのだ。救われるためには、それが一番、手っ取り早いではないか。

それからの私は、今思い返せばどうかしていたとしか思えない無茶な行動を取るようになっていた。殉教に憧れるあまり、寄付集めの活動中に自ら死を呼び寄せるようなふるまいに終始していたのである。

バスに轢かれかねない勢いで道路に飛び出していき、発車しようとしているバスを無理やり止め、乗り込んでいって大声で寄付を呼びかける、といったかたちでだ。当然、怪訝そうにされたり、迷惑がられて怒鳴られたりするようなことも増えたが、私は意に介さなかった。

逆上した相手に殴り殺されてもいい。バスに轢き殺されてもいい。「神様、私のことも〝犠牲者〟として召してください、アメリカのあの子みたいに！」――胸中では、そんなあらぬことを口走っていた。

三九・五度の高熱が出ても、強いて「前線」に立ちつづけた。いっそ過労で死んでしまえればいいと思っていた。ところが、そうして無理に活動を続けている間に、幸か不幸か、私は数日ですっかり回復してしまった。若さとはすごいものだと思う。

そこでようやく我に返った私は、「せっかく高熱が出ていて公然と活動を休むことができたのに、そのチャンスをふいにしてしまった」と後悔し、発熱に耐えて活動していたのと同じ日数だけ、仮病を使って活動を休んだ。

それをしながら、自分はいったいなにをやっているのか、と我ながら呆れた。

つらさを乗り切ることの意味

しかし、そんな調子で〝殉教〟願望を胸に文字通り死ぬ気で寄付集め活動に取り組んでいたせいか、私は際立った実績を挙げるようになった。

どの国の活動であれ、同様の実績を出せていたのなら、それこそが自らの信仰心の証《あかし》と見立ててともすれば自信過剰になっていたところだが、結果は環境に応じてまちまちだったため、自分でもそれをどう受け止めればいいのかがわからなくなっていた。

そんな内心の葛藤も知らず、周囲のメンバーは私を「バスの女王」と呼びはじめた。

連れ立って活動に参加したメンバーの一人が、バスの車中で「メント」（寄付集めなどの活動時に唱える、決まりきった口上のようなもの）を読み上げる私を、「まるで舞台女優みたい」と評したことがきっかけになっている。なるほど私は、特定の相手とコミュニケーションを取らなければならない戸別訪問のかたちでは、会話の中でボロが出ることを恐れて覇気がなかったものの、バスではそうならずに済んでいた。

バスの車内という逃げ場のない密室を勝手に舞台に見立て、乗客たちを観客と思いなした上で、内容が決まっている「メント」を演説のように朗々と読み上げるやり方なら、萎縮することなく力を発揮できたようだ。

また、寄付集めは地下鉄の車両内でもおこなったのだが、その際、私はちょっとしたゲームのようなやり方を考案した。車両に乗り込む際に、プロジェクトメンバー一人ひとりのことを思い浮かべながら寄付を呼びかけるというものだ。

たとえば、「この車両はA君、次の車両ではB君、最後の車両ではR団長のことをイメージする」と決めてから臨むのだ。そうすると、不思議なもので、最近絶好調のA君を思い浮かべた車両ではたくさん寄付がもらえ、成績が振るわずに落ち込んでいるB君を思い浮かべた車両では小銭しかもらえない。

R団長を思い浮かべた車両では、乗客から「열《ヨル》심《シ》히《ミ》하《ハ》세《セ》요《ヨ》」（頑張って）と声をかけられる。団長が乗客を通じてエールを送ってくれたのだ、と解釈すると、元気が出る。

そんな調子である。

これはシンクロニシティと呼ばれる現象であることを、やはり離教してから知った。

そんな遊び心を発揮しながら活動を続けていたら、ますます実績は高額で安定するようになった。この遊び心たっぷりのノウハウは、ほかのメンバーにもシェアされることになった。

今思い返すと、アウシュヴィッツの強制収容所におけるつらい生活を、空想のゲームで乗り切ったというユダヤ人たちの発想に近いものを感じる。つらさの度合いは比較の対象にならないが、方向性は一緒だ。

こんな感じで、韓国での二度目の寄付集め活動は、九月末には終わった。そして最後の三カ月のうち二カ月は、イギリスで過ごすことが決まった。

当初は、「最後の三カ月はアフリカでボランティア活動に従事」と聞かされていたが、いつの間にか残りの期間も寄付集め活動に充てられることになったようだ。そうなった経緯については、不思議なことにひとことの説明もなかった。

私たちは、日本で寄付集めの活動をする際には、「アフリカに学校を作ります。私たちもいずれ現地に行きます」と宣言していた。これは二世献身プロジェクトに限らず、万物復帰活動をする一般の日本人信者も使う決まり文句である。しかし実際のところは、現地にまで足を運ばない人がほとんどだった。

つまり、「堂々と嘘をつく」のがこの活動の基本なのだ。

とはいえ、私たちプロジェクトメンバーは例外で、最後の三カ月に本当にアフリカに行く予定なのだから、まだしもやましさを感じずに済むと思っていた。だが、結局それも嘘になってしまったわけだ。

統一教会は、「神様の仕事のためなら、部外者に対しては嘘をついてもかまわない」と教えていた。それを思えば、私たち信者自身が教会からだまされたとしても、「神様の仕事のため」であるかぎり、文句は言えないという構図ができあがっていたのである。

イギリスでの寄付集め

そんなわけで、アフリカに行けなくなったことは残念だったものの、イギリスには前から漠然とした憧れがあった。この際、気持ちを切り替えて当地での寄付集めに全力を注ごうと思い定めた。

パスポートのスタンプの記録によると、私がプロジェクトの活動でイギリスに滞在したのは、二〇〇二年九月二九日から一二月一日までのほぼ二カ月である。イギリスがイングランド、ウェールズ、スコットランド、北アイルランドの四つの国から構成される連邦であることを、このとき私ははじめて知った。

私が所属していた隊は、記憶するかぎり、半分くらいの期間はウェールズで過ごしたのだが、そこでは英語以外にもウェールズ語という現地語が公用語として看板などに使われていた。イギリスといえば英語の本場中の本場で、まさかほかの言語が話されているなどとは思ってもみなかった。

イギリスでは、活動用に借りたワゴン車での車中泊がメインだった。日本と同じく、高速道路のパーキングエリアで寝泊まりすることが多かった。二週間に一度程度だったと思うが、イギリス人と日本人とで国際結婚をした食口《シック》（信者）の自宅に泊めてもらえることもあった。

首都であるロンドンには、統一教会としての礼拝に列席するために何度か足を運ぶ機会があった。当時は「ハリー・ポッター」ブームの真っ盛りであり、ロンドン名物である二階建てバスに、誇らしげにハリー・ポッターの装飾がなされているのを目にすることができた。市中で警官が馬に騎乗してパトロールしている姿も実にさまになっていて、今でも当時撮影した写真をとってあるほどだ。

そんなイギリスでの寄付集め活動を通じては、「信仰的な体験」もあれば、「世俗的な体験」もあった。

まずは、手近で馴染みやすいエピソードとして、「世俗的な体験」について語ろう。それは、このイギリスで、私が生まれてはじめて「ラブレター」を受け取ったことだ。

イギリスでは、戸別訪問で寄付を募るかたちを取った。ある日、いつものように地道に一軒一軒訪問を続けていると、同じエリアで活動していたプロジェクトメンバーの一人が私を呼び止め、「なんかあんたに渡してくれって、さっき道で頼まれたんだけど」と言いながら手紙を手渡してきた。

そのメンバーによると、手紙を託してきた男性は、私が少し前に訪問した家にいた人であり、私が寄付を受け取って立ち去った後に大急ぎでその手紙を書き、私に渡したくて周辺を歩き回っていたらしい。しかし私が見つからないので、私の仲間と思われる彼女に預けたのだろう。

処分したラブレター

ひとまずその日の活動を終え、寝泊まりしているワゴン車に戻ってから、英語が得意なメンバーに手紙を読んでもらったところ、彼はその手紙の中で、私の笑顔や「キラキラした目」などについて賛辞を並べ立てているようだった。

だが、統一教会では、恋愛は教義で禁じられている。私が所属していた隊の隊長は、当然のことながら、「こういうやましい内容の手紙は捨てなくてはならない」と説いた。といっても、彼はそれほど厳しい人ではなかったので、手紙をどうするかは最終的には私に委ねられていた。

先にも述べた通り、私はもともと恋愛とか異性に苦手意識を持っており、教会に禁止されるまでもなく、そういうことにはあまり興味を持てずにいた。それまでにも、異性から思いを寄せられたり、その思いを明かされたりした経験はなかった。

その手紙も、何度か読み返した後で結局、処分してしまったと思う。それでも、拒絶されることもしばしばある、精神的につらい寄付集め活動の中で、外国人である私に好意を寄せてくれる人がイギリスの地にいたということは、私にとってはいい思い出になった。

もうひとつ、イギリスでの活動で印象に残っている「世俗的な体験」としては、こんなこともあった。ただしこれには、ドイツで活動していた頃の思い出も関わっている。

ドイツでもイギリスでも、私たちは、「北朝鮮の窮乏している子どもたちにミルクを飲んでもらうため、牛を買いたい」という名目で寄付を集めていた。

イギリスでは、〝Korea〟と聞くだけで、「俺は朝鮮戦争のときにそこへ行っていたんだ」と顔を皺くちゃにして懐かしそうに笑う退役軍人のお爺さんとたくさん遭遇した。一方、ドイツには、朝鮮戦争に行ったという人には行き合わなかった代わりに、こんな言い方で共感を示してくれる人と何人か巡り会った。

「あの国は二つに分かれている。昔のドイツと同じように」

もちろん、朝鮮戦争の際、南の韓国側に肩入れしたアメリカを中心とする国連軍にイギリス軍も加わっていたことや、第二次世界大戦後にドイツが東と西に分かれ、東西冷戦の象徴となっていたことなどは、歴史的事実としてはいつでも知ることができる。

だが、そうした出来事にリアルタイムで関与した経験を持つ人々から直接話を聞けたことには、素直に感動させられた。

ただし、そんなお爺さんたちが喜んで寄付を出してくれたかというと、話はそう単純ではない。

これはドイツやイギリスに限らず、日本や韓国も含めて、このプロジェクトで寄付を募ったどの国にも共通して言えることで、「寄付が断られる理由」の筆頭に上がるのは、この二つなのである。

「今は年金暮らしなので余裕がない」

「すでにほかのところに寄付してしまっている」

統一教会が何をもって「統一」をなそうとしていたのか、当時から私にはよくわかっていなかったのだが、「寄付を断る理由」によって、世界はすでに統一を果たしていたのだった。

追加された「設定」

一方、イギリスでの「信仰的な体験」にはどんなものがあったのか、それについてもひとつ紹介しておきたいと思う。

私たちは、寄付集め活動に出発する前、もしくは活動を終えて帰ってきた後などに、「訓読会《くんどくかい》」と呼ばれる時間を設け、「み言《ことば》」の朗読のようなことをしていた。

「み言《ことば》」とは、通常は文鮮明氏本人が語った言葉を指し、それが統一教会の公式の出版物として文字になっている。だが、そうした出版物には、文鮮明氏以外の人物――多くは歴史上の偉人が語ったとされる言葉が含まれていることもあった。

私たちプロジェクトメンバーがイギリスに持参していたのは、まさにそうした人物たちの発言をまとめたものだった。ここでいう「歴史上の偉人」とは、イエス・キリスト、釈迦、孔子などを指す。中にはアドルフ・ヒトラーのように、世の中に悪をなした人物の発言を取り上げているケースもあった。

もっともそれらの発言は、彼ら歴史上の人物が生前、実際に語ったものではなかった。統一教会の聖地である清平《チョンピョン》（この聖地については第1章参照）で、「これらの人物が死後、霊界で語った言葉を、霊媒師が聞き取った」という触れ込みになっている発言だった。

二〇〇二年当時の統一教会では、文鮮明氏の妻である韓鶴子《ハンハクチャ》氏の母親・洪順愛《ホンスネ》氏が、韓国人女性信者・金孝南《キムヒョナム》氏に「再臨（憑依）」していると教えられていた。

私たちは韓鶴子氏のことを「お母様《オモニム》」、その母親のことを「大母様《テモニム》」と呼んでいた。そして、「大母様」に憑依された女性信者・金孝南氏のことは「訓母様《フンモニム》」と呼んでそれぞれ区別していた。

大母様が「現れ」たのは一九九〇年代後半、私が高校生くらいの頃だった。それまで、「お母様」の母親についてはは特に注目されてもいなかったのに、突如として「清平の大母様」のことが「設定として追加」されたような感じがあり、私としては正直、心がついていかずにいた。

これはあくまで私個人の感想だが、「唐突に主要幹部が一人増えた」というその感じが、なんというか、連載が長引いて中弛《なかだる》みしたバトル漫画のテコ入れ展開のように思えてしまったことは否定できない。

大母様が女性信者に「再臨」したことで、統一教会はにわかに「霊界」やその「役事《やくじ》（働きかけ）」をそれまでよりもフォーカスするようになった（と私には感じられた）。

やめたいけれど、やめられない「み言《ことば》」の朗読

もともといろいろなことを「霊界からの働きかけ」に結びつけて考える教えではあったが、「歴史上の人物が霊媒師・金孝南氏に語った証言」とされるものがまとめられて出版物になり、「訓読会」のテキストとしても使われるようになったのは、当時の統一教会内における「流行」のひとつだったような気がする。

もちろん、統一教会内でしか読まれないという前提だったためか、それらの偉人たちが語る言葉は、統一教会の教義に沿った内容になっていた。そして私はその点に、少しばかり鼻白むものを感じていた。

ヒトラーが「私は罪を犯しました、すみません」と語ったとするのは、百歩譲って許容すると

しよう。しかしその類の出版物には、「人間が誰しも悟りを開けるなんて言ってすみません、文鮮明総師による祝福を受けた人でなければそれは果たせません」という意味のことを釈迦が語ったとまで書かれていた。

それを見ると、当時は教会の教えを無邪気に信じていた私でさえ、「これはまずいのでは」と感じずにはいられなかった。どう言えばいいのか、他の宗教に帰依する人が崇めている人物を貶《おとし》めているような感じがしたからだ。

それをいうなら、そもそもイエス・キリストが文鮮明氏に「再臨」したと主張している時点で、統一教会はキリスト教を冒瀆しているともいえるわけだが、この「歴史上の偉人」が語ったとされる証言の数々は、聖者という聖者に「安っぽい具体的なセリフ」を言わせているという意図が丸見えで、単純に「悪趣味」だと思った。

とはいえ、すでにその本を携えてイギリスまで来て、ワゴン車で寝泊まりしている状況では逃げ場もなく、「み言《ことば》が悪趣味だから訓読はもうやめます」とも言えない。そもそも当時は、そうしたみ言《ことば》について、心の奥底では受け入れがたいと思っていても、「信じなくてはいけない」と自分に言い聞かせて、文句も言わずに訓読していたのではないかと思う。

そうしてなすすべもなく毎日その「偉人のみ言《ことば》集」を訓読しつづけていた中で、ある日、「ローマ帝国のとある皇帝」が語ったとされる発言に触れる機会があった。どうにもうろ覚えなので、名前は伏せることにする。もちろん、知っている人は知っている歴史上の人物なのだろうが、正直、キリストや釈迦に比べればずいぶん「マイナーなキャラ」だ。

この人は、「私がローマ帝国でキリスト教を国教にするのにどれだけ苦労したかわかりますか?」と語ったことになっていた。歴史のことは当時も今もよくわからないのだが、たしかローマ帝国は、当初はキリスト教を弾圧していたはずだといった程度の知識はあった。どうやらこの人物は、それまで弾圧の対象だったキリスト教を一転して国教にしたローマ帝国の皇帝かなにからしい——。

偉人が語ったとされている発言の数々を、それまでは「嘘くさい、悪趣味」と断じていた私にも、このとあるローマ皇帝の発言に関しては、「なんだかリアルだ」と感じられた。この人物のことをよく知らなかったことがかえって幸いしたのかもしれない。

それで私は、「よし、今日はこの皇帝のことを意識しながら活動をしよう」と心に決めながら、イギリスのとある町での寄付集めに臨んだ。この人物がローマ帝国でキリスト教を国教にしたことは、イギリスにキリスト教が広まることにも繋がっていたはずで、そのことに感謝しながら活動しようと思ったのだ。

「本物のキリスト教」との出会い

もっとも私は、活動をはじめて一～二時間もすると、出発時点でのそんな心意気などすっかり忘れてしまっていた。だが、ある民家で印象的な出会いがあり、そのときのことは今でもよく覚えている。

その民家を訪問した際に出てきたのは、白いワンピースを身に着けた、ブロンドの髪に青い目の白人女性だった。見るからに清楚な感じがして、耳こそ尖っていないものの、ファンタジーゲームなどに出てくる「エルフ」のようだと思った。

彼女は私たちの活動の趣旨を理解した上で、二〇ポンド（当時のレートで五〇〇〇円程度）もの高額な寄付をしてくれることになった。イギリスの活動では物品販売はせず、ただお金を受け取るだけだったので、もらえるとしても三ポンドか五ポンドが普通で、多くても一〇ポンドがいいところだったため、これには私もかなり驚いた。

ただし彼女は、それに際して交換条件をひとつだけ挙げていた。私は英語が苦手だったので、あくまでニュアンス上そう受け取れたというレベルなのだが、彼女がどうやら、「あなたのために祈らせてくれたら」と言っているらしいことはわかった。

私はもちろん、喜んでそれに応じた。すると彼女は、その場で私のために祈りはじめた。目を閉じて、指先を曲げたままの両の手のひらを天に向けて差し出しながら、歌うような調子で祈りの言葉を唱えていた。そんなポーズの女神像などが、RPGに出てきそうだと思った。

荘厳な祈りだった。それがカトリック式なのかプロテスタント式なのかもわからなかったし、祈りの言葉の意味もまったくわからなかったが、否応なく敬虔な気持ちにさせられる光景だった。

これこそが、まがいものではない純正なキリスト教なのではないか——。

私の胸には、そんな思いが去来していた。「本当のキリスト教」をまざまざと見せつけられた気分だった。

日頃、私たち統一教会の信者は、「私たち統一教会こそが、ユダヤ教・キリスト教の中から〝旬〟の部分を引き継いだ、今、一番アツい宗教なのだ」といった意味のことを誇らしげに口にしていた。だが、このときばかりは、自分が「場違いな似非《えせ》キリスト教信者」にほかならないのだという事実を突きつけられたような気持ちになってしまったのだ。

帰り道、無心になってとぼとぼと歩いているときにようやく私は、その日の出発前に心に決めていたことを思い出した。そもそも私は、「今日は訓読で出てきたローマ皇帝のことを意識しながら活動しよう」と思っていたのではなかったか。

それを思い出したとき、私の頭の中にはこんな考えが浮かんできた。

――今日、伝統的なキリスト教と私とを、あのエルフのような女性の祈りによって繋げてくれたのは、そのローマ皇帝にほかならなかったのではないだろうか。

その日の活動報告で、私は嬉々としてこのエピソードをプロジェクトメンバーたちに伝えた。彼らも、私のこの解釈には賛同してくれていたと思う。この日の出来事は、信仰という観点から見ればとても「証《あかし》になる」（意味のある）体験となった。

このように当時の私は、納得のいかないみ言《ことば》と心の中でどうにか折り合いをつけながら、現実に起こったことを信仰と結びつけて活動していたのである。

3　「祝福二世」としての自分への疑問

自分で考えることができない

二〇〇二年一二月、二世献身プロジェクトも残すところ一カ月となった段階で、私たちはイギリスを引き上げ、韓国に戻ってきた。そのとき私たちが目にしたのは、韓国での活動の拠点としていた教会の敷地内に、真新しい白い建造物がひとつ増えていたという光景だった。

二〇年以上前のことなので、基礎工事がいつからはじまっていたのか定かな記憶はないのだが、私にとっては、その建物が忽然と目の前に現れたかのような印象だった。

この建物の建築費は、どこから捻出したのだろう？――。

そう思うと、ものすごくいやな気持ちになった。十中八九、原資は私たちが寄付集めの活動で集めたお金に違いないと思ったからだ。虚しさが胸をよぎり、罪悪感に駆られた。もちろん、各国で寄付に応じてくれた一般の人々に対する罪悪感だ。

彼らからは、アフリカまたは北朝鮮の子どもたちのためのお金だという触れ込みで寄付を集めてきたのだ。

当初は、献身紀行の最後に実際にアフリカに足を踏み入れて、ボランティア活動に従事する予定になっていたものの、結局それもなくなっていた。せめて集めたお金の一部だけでも現地に送金したのかどうか、その説明もなかった。もちろん、この白い建物についても、なんの説明もなされていなかった。

もっとも、その点についてR団長や教会長を、ましてそのさらに上にいる三男を追及せずにはいられないほどの憤りを抱いたわけではない。「これはどういうことなのか」と「中心」に楯突くことなど考えられなかった(統一教会では、自分より少しでも文鮮明氏に近い側にいる上役などを「中心」と呼ぶ)。

韓国に戻って早々、そんなモヤモヤとしたものを抱えたまま、私はR団長との個人面談の席に臨んだ。私をスイスの銀行に同行させ、〝マネロン〟の現場に立ち会わせた張本人である。

面談の内容が、私自身の進退に関わる打診だということは事前にわかっていた。「二世献身プロジェクト」は成功したとみなされ、プロジェクト自体は二年目以降も継続されることが決まっていたのだ。基本的にメンバーは入れ替わるものの、既存メンバーの中から、さらにもう一年休学して献身できるメンバーを募集していた。その二年目の活動に引き続き、参加する意思があるかどうか。テーマはそれだった。

実際にR団長と顔を合わせるまでは、私は五分五分で迷っていたのだが、面談を終えて立ち去る際にはイエスと答えてしまっていた。

どう説得されたのかは覚えていない。胸に燻《くすぶ》る罪悪感を消し去るためには、この活動にさらに身を入れて浸り切るしかないのではないか——そんなふうに自分を追い込んだような記憶がかすかに蘇る。

ひとつだけはっきり覚えているのは、そのときR団長がこう言ったことだ。

「세상이《セサンイ》 껍질같지《コプチルガッチ》?」(世界は皮みたいなものだろ?)

今思い返してみても、真意がよくわからない。

あえて意訳するとしたら、「世の中なんて薄っぺらい(=チョロい)だろ?」といったところだろうか。だとすればやはり、あの手この手のグレーな手法で世界を股にかけるマフィアのセリフとしか思えない。

それならなぜ私は、そんなマフィアのもとで、犯罪と見分けがたい活動をさらに一年も続けると言明してしまったのか——。

答えは簡単だ。

私はもはや、自分で考えるということができなくなっていたのだ。

それはおそらく、寄付集めの現場でつらさを感じたり、疑問が浮かんだりした時に、「こんなふうに自分の考えを差し挟むのは自己中心的だ」と、みずからに何度も言い聞かせてきた弊害にほかならない。

ただ、同じく二年目も活動を継続すると回答したほかの志願者たちの顔ぶれを見たとき、私は自分の浅慮を悔やんだ。たしか五~六人だったと思うが、そのほとんどは、一年目の時点ですでに、七~八人の班を束ねる班長の役目を経験している強者《つわもの》だったからだ。

そこにどうして、私などが組み入れられるようなことになったのか。

一年目に参加していた残り二〇名ほどのメンバーは、予定通り一年で献身活動を終えることになっていた。そのうちの何人かに、二年目に向けての打診をどうやって断ったのかと訊いてみたところ、「そもそも打診されなかった」とのことだった。

それなら私は、少なくとも「見込みがある」とみなされたということなのだろうかと考え、少しだけほっとした。

ただ、献身を二年目も継続すると電話で報告したとき、母は明らかに難色を示していた。母自身、日本やアメリカでだいぶ長いこと献身生活（毎日二四時間、統一教会としての活動に専念すること）を経験しているのに、どうして反対するのだろうと思った。

私が「み旨《むね》」がどうの、「中心性」（〝中心〟＝文鮮明氏や三男、上役の思いと自分自身が一体となる度合いのこと）がどうのと信者らしい語彙をちりばめてその意義を語っていると、「あんまり現場のアベルの言うことばかり聞いていると、ロクなことにならない」と苦言を呈しさえした。

ちなみに「アベル」というのは、ここでは「上司」程度の意味だ。統一教会では、聖書の『創世記』に描かれているアダムとエバの息子、カインとアベルの兄弟をめぐる挿話を踏まえて、絶対服従すべき上役を「アベル」、アベルに従うべき部下を「カイン」と呼んでいる。

母がいい顔をしない真意はよくわからなかったが、そんな母も、「帰ってきなさい」とまでは言わなかった。

再開した韓国での献身

そうして二〇〇三年が明けると、一年目で献身を終えて去っていくメンバーと入れ替わりに、その年から献身をはじめる新顔のメンバーがどっと押し寄せてきた。全部で七〇～八〇人はいたのではないかと思う。増設された白い建物も、メンバーの増員を見越して作られたものらしかった。

そう、三男・文顕進氏の発案になるこの「二世信者のみによる献身プロジェクト」は、今や教会内で絶大な注目を集めていたのだ。

一年目、三〇人ほどのメンバーで活動していたときには、みんなが苦楽をともにするというアットホームな雰囲気だったが、志願者が一気に倍以上に増えてしまったとあらば、献身チームの雰囲気も大きな変質を免れなかった。

その頃には、それまで韓国での活動のメインとなっていたバスや地下鉄車内での寄付集めは、少々やりづらい状況になっていた。活動にあまりにも熱を入れすぎたせいで、私たちの活動は、悪い意味でマークされてしまっていたのだ。

まだスマホもなく、ネットにはパソコンでしかアクセスできなかった時代だった。それでもネット世界では、私たちの活動がしきりと取り沙汰されていた。

実は、献身プロジェクトメンバーのうち二名が、寄付集めの活動の違法性を疑う市民から訴えられるという不祥事も起きていた。ただしその裁判では、統一教会側が勝訴した。離教した今思い返すと複雑な心境だが、当時、それを聞き知ったときには、心底から安堵したことを覚えている。

そんなわけで、二年目の活動では、韓国でも戸別訪問の寄付集めに軸を移していくことになった。かつて「バスの女王」の異名を授けられた私も、戸別訪問では生彩を欠き、手応えとしてはボロボロだった。まあなるようにしかならないだろうと訪問を続けていく中、ある写真屋に行き当たった。

店舗に入り、「国際学生奉仕団の日本の学生です」と名乗って寄付をお願いすると、店主の男性は、私たちの活動のことをどこかから聞き知っていたのか、「日本人だって？　統一教《トンイルギョ》だろ！」と警戒もあらわにした。

私はなんら悪びれることもなく、「違います」と即答した。面の皮がすっかり厚くなっていたのだ。すると店主は、「おお、違うのか」とあっさり信じてくれた。

「世界は皮みたいだろ？」というR団長のひとことが脳裏にちらついた。なるほど、この俗世の人々は、私たち統一教会信者と違って、「素直な薄皮」でできているらしい、とそのとき思った。

店主は、「日本人の嫁」をもらった家が近所にあると教えてくれた。その日本人妻が、「怪しい白い服を着た大勢の〝信者〟がいる聖堂かなにかの写真」をはじめ、その他、異様な光景が撮影された写真のネガフィルムの現像をしょっちゅう頼みに来るのだという。

私は心中で「ああ」と察した。

写真に写っている異様な光景は、統一教会の韓国における最大の聖地、清平《チョンピョン》での宗教儀式を撮影したものに違いないと思った。つまりこの近所に、日本人信者を妻とする統一教会の「祝福家庭」が住んでいるということだ。

それにしても、顧客が持ってきたネガに何が写っているかというプライベートな事柄（しかもそこには、信教というデリケートな領域が関わっている）を、写真屋本人が第三者にペラペラと明かしてしまうとは、どういうことなのか。当時は個人情報に関する捉え方が今よりも緩かったとはいえ、写真屋が廃れたのは、デジカメやスマホの普及だけが原因ではなかったのではないか、と今になって思う。

さて、その写真屋を出て、近隣でしばらく戸別訪問を続けていたところ、ある家の玄関口に出てきたのは、見た目ですぐに日本人とわかる女性だった。懐には、まだ一歳くらいの赤ちゃんを抱いていた。

さっき写真屋さんが言っていたのは、この人のことなのではないか——。

そう思いながらも、決まり文句の韓国語で寄付をお願いすると、彼女は唐突に日本語で私に話しかけてきた。この女性のことは、韓国風に「お姉さん」とでも呼んでおこうと思う。

「日本人なの？　私も！　〝寄付〟って、統一教会でしょ？」

信者に違いないこの人に隠す必要はない。私が「はい」と素直に答えると、お姉さんは大変な歓迎ぶりで私を家に上げてくれた。

これが私の信仰にとってまたとない危機のきっかけとなるのだとは、このときの私にはまだわかっていなかった。

あるお姉さんとの会話

「お疲れ様！　懐かしいー、寄付集めは私も日本で死ぬほどやったよ」

そう言って私をオンドルの効いた暖かい部屋に通してくれたお姉さんは、日本人の一世信者だとわかった。かわいい男の子をあやしながら、私たちは世間話をした。

「ちょっと聞いてくれる？　うちの旦那、なんにもわかってないの！」

そう言ってお姉さんが披露したのは、統一教会信者として祝福を受ける（マッチングされた相手と婚姻関係を結ぶ）際に受けた、『原理講論』についての知識を問うテストの場でのエピソードだった。

「アダムとエバが堕落したのは何を食べたことが原因だったかっていう問題に、彼はなんて答えたと思う？　『복숭아《ボクスンア》』（桃）だって。隣で聞いてて、〝はぁー？〟って思っちゃった」

彼女は話し上手で、その場にいない人の発言を再現したりするのがとても上手だった。「ポクスンア」（お姉さんは「ポクスガー」と韓国語の「訛り」まで再現した）のところで低いダミ声を出すところなどは傑作で、本来なら笑うべきところだし、彼女もそのつもりで演じてくれていることはわかっていた。

しかし私は、ショックのあまり、笑うどころではなかった。今まさに祝福を受けようという信者が、統一教会独自の教義はおろか、聖書の『創世記』すらまともに読んでいないなどということがありうるのだろうか。

アダムとエバの堕落の原因となったのは、「善悪を知る木の実」である。韓国語では省略形で「선악과《ソナックァ》」（善悪果）と呼んでいる。これは統一教会だけではなく、韓国のキリスト教全般で使われている呼び方だ。

お姉さんは、統一教会において信仰トレーニングの一環と位置づけられている万物復帰活動をきちんとこなした上で、晴れて韓国人信者とともに祝福を受けるに至った。それなのに相手の男性は、統一教会固有の用語というより、キリスト教で一般的に使われている基礎的な語彙である「善悪果」の三文字すら言えないという。そのことをどう受け止めていいのかわからなくなって、私は混乱していた。

話の途中で、当の旦那さんが部屋に入ってきて、お姉さんの隣に座ったので、挨拶を交わした。背が高くてひょろっとした感じだ。どこかオドオドした物腰だった。

少し話してみた感触で、失礼ながら、この韓国人男性が社会生活にあまり向いていないタイプであることはすぐに察せられた。もしかしたら、この人が普通に恋愛なりお見合いなどを通じて結婚を果たすのは相当むずかしいだろうと思った。

それでも彼を前に日本語で話すのは失礼に当たると思ったので、私は会話を韓国語に切り替えようとしたのだが、お姉さんは「いいよいいよ、気にしないで話そう」と言いながら、日本語での会話を続けた。

それを見るかぎり彼女は、旦那さんと会話すること自体をあきらめているように見えた。一方の旦那さんは、聞き取れないはずの私たちの会話を、ただニコニコしながら黙って聞いていた。

お姉さんは、義父母から「あなたが統一教会を信じていることは、近所には絶対に明かすな」と言われているという。そして、そのことに納得できないと憤慨していた。

「実はもう、なにもやる気がしなくてね。生きるのがつらい……。今日も夕方までは、顔を洗う気力もなかったんだよ」

彼女は肩を落としてそう呟いてから、胸に抱いた赤ちゃんを見下ろしながら気を取り直したように続けた。

「でも、私はこの子のために生きてるの。だって、〝原罪のない子〟だもんね、この子や、あなたは」

そう言ってお姉さんは、曇りのないキラキラした目を私に転じた。そして彼女が、希望に満ちた、一〇〇パーセントの笑顔を私に向けながら、「〝ニュータイプ〟なんでしょ?」と問いかけてきたとき、私はこらえ切れなくなって、ボロボロと泣いてしまった。

お姉さんはびっくりして、「自虐が過ぎた」と私に謝った。私が彼女に同情して泣いているのだと受け取ったようだった。

そうではなかった。

祝福結婚への意欲を失った日

私たち祝福二世は、「ニュータイプ」なんかではない。「原罪がない」なんてとんでもない。普通の脳みそや、普通の精神、人並みの良心しか持ち合わせていない、ありきたりの存在にすぎないのだ。たとえ教義上どんな定義になっていようが、実際にはそうではないことは、「祝福二世」と呼ばれる当の私自身がよくわかっている。

実際には異性に惹かれたりもするし、かわいい子には嫉妬もする。愚痴も言えば陰口も叩く。ひどい場合には、他人の足を引っ張ったりする程度には卑怯者でもある。『機動戦士ガンダム』に引き寄せて言うなら、「ニュータイプ」どころか、なんならただの凡庸な「量産型」にすぎない。なお、「量産型」というのには、比喩を超えたものがある。統一教会は、祝福結婚したカップルには多産を推奨しているから、その教え通りにすれば、祝福家庭は「子だくさん」な家庭になりがちなのだ。

わが家に生まれた子どもは姉と私の二人だけだが、母も教会に言われるまま当初は避妊していなかったため、姉を出産してから一年も経たずに私を身ごもっている。二人に留まったのは、「この調子で子どもをどんどん産んでいったら、経済的に立ち行かなくなる」と途中で気づいたからなのだと、ずっと後になってから母に聞かされた。

そのことも含めて、「祝福二世」と言えば聞こえはいいが、その一人ひとりが実際にはなんら特別な資質など持ってはいないことははっきりしていた。

目の前では、私より二〇年も後輩の「祝福二世」である一歳児が無邪気に笑っていた。その姿を見ながら私は、彼の将来に思いを馳せずにはいられなかった。

この子はこれからの人生、お母さんの純粋な希望や期待に押しつぶされずに上手に生きていくことができるのだろうか。この一世信者の女性が唯一の希望としているものが、文字通りの「原罪のない祝福二世」なのだとしたら、この赤ちゃんに負わされているものはあまりに過酷すぎる。だって、そんなものは幻想なのだと、どうせいつかは発覚してしまうのだから。そうしたらこのお姉さんも、「なんのためにこんな旦那と結婚したと思ってるの？　私の苦労を無駄にする気？」と怒鳴り散らしてしまうかもしれないのだから――。

そう思ったら、泣かずにはいられなかったのだ。

私はこの日、片方が信者ですらない祝福結婚が存在することをはじめて知ってしまったことで、祝福結婚への意欲を完全に見失った。それは、「祝福二世」として生きつづける意味が崩壊したことを意味していた。

あらためて「祝福二世」とは

あらためて補足するなら、「祝福二世」とは、「祝福家庭」から生まれた子のことである。

《統一教会についての基礎知識》で解説した通り、蛇（天使長としてのルーシェル）にそそのかされて性的関係を持ってしまったエバが、アダムとも交わってしまったことから人類にもたらされたサタンの血統＝「原罪」を清算する方法が、合同結婚式による「祝福結婚」であり、そうして作られた祝福家庭に生まれた子が「祝福二世」と呼ばれる。

統一教会内では、そうした子は「原罪のない本善の神の子」であるとされている。

日本で最初に生まれた祝福二世の「第一期生」の先輩からは、当初は祝福二世の存在が過大に神聖視されたり、その反動として不当に貶められたりするケースがあったと聞いたことがある。

一世信者たちも、祝福二世という存在をどう扱っていいのかがわからず、〝真のご家庭〟の

〝ご子女様〟、すなわち文鮮明氏の子女たちと同じように〝様〟づけで呼ぶといった過剰な持ち上げをしたりしていたという。

その一方で、まだなにも知らない幼少時代の彼らに、『原理講論』がらみの問題をふっかけ、答えられないと、「あれ、〝原罪がない〟って聞いてるのに、なんでこんなことも知らないの？」などと露骨に蔑むような理不尽な仕打ちをしていたとも聞いている。

私は、日本の祝福二世では一二年目に生まれた「第一二期生」に当たる。

一期生のオンニ・オッパ（女性から見て「姉・兄」の意味）の話を聞き、「そんなことがあったなんて、昔は大変だったんだな」などと思っていたが、今となっては私自身もだいぶ初期の祝福二世のケースに位置づけられる立場になった。

私が小学四年だった一九九一年、「還故郷摂理」というプロジェクトが指示され、一世信者たちがそれぞれの故郷に帰って親族たちに「伝道」することが推奨されることになる。それまでは、祝福家庭とそこに生まれた二世たちは、わりと首都圏に固まって暮らしていた。

統一教会の子どもしか通っていない学童保育もあったし、毎週日曜日には地域で「子ども礼拝」がおこなわれていた。平日も週に一回、同じ学年の二世の子どもたちが集まって、韓国語を勉強する時間を設けたりしていた。夏休みや冬休みには、日曜礼拝のメンバーで合宿に行ったりもしていた。

統一教会が借り上げ、全住戸に祝福家庭を住まわせているアパートが、隣町にもその隣町にもあって、イベントの際は渋谷の松濤《しょうとう》本部などに集まることも容易な距離感だった。

要するに、「子女教育」と呼ばれる二世信者向けの教育が、各家庭任せにはなっておらず、地域の学童保育や日曜礼拝などで補完されるような態勢が取られていたのだ。私の両親は比較的放任主義だったものの、そうした環境の中で、「純潔を守ること」「両親が神様の仕事をしていること」などを二世がみっちり学べるようになっていた。

ただそうは言っても、祝福二世が、人間としてはなんら特別な存在ではないことに違いはなかった。ある学童では、祝福二世のあまりの悪ガキぶりに、子守を担当していた未婚の一世信者が失望して教会を去ってしまったこともあった。

当時は一世信者の親族による拉致監禁・強制脱会が問題になり、教会内でしばしば話題に上がっていたが、「俺たちの子守をすれば『洗脳』なんてすぐ解ける」などという冗談まで、祝福二世の間では流行っていた。

それを踏まえて考えても、韓国で出会った日本人の「お姉さん」の期待に応えられるような資質を、祝福二世が、少なくともこの私が持っているとは言えなかった。

それなのに統一教会は、「祝福二世」を産めるということをまるで「エサ」のようにして掲げながら、女性信者に対して「条件の悪い」嫁ぎ先をマッチングしているのではないか——。「祝福二世」を産むことの価値が、実際よりも大きく見えるように仕組まれている気がした。それは、暴利上乗せの「霊感商法」と本質的には変わらないことを、祝福結婚でおこなっているということではないのか。

その事実を突きつけられたことが、私の信仰上の大きな挫折の引き金となったのである。

日本に帰らせてほしい

翌日から、私は活動に出られなくなってしまった。教会がやっていることにいよいよ不信感が募り、寄付集めの活動にも意義を見出せなくなっていたのだ。周囲の人に優しく慰撫されたり、それでも気持ちを切り替えられずに呆れられたりしていた。

K教会長から面談に呼ばれた際には、こう言われた。

「おまえは頭がいいが、それがかえってダメなんだ。考える奴ほど、動けなくなる。とにかく体を動かせ！」

信者だった時代は、とにかく褒め言葉に飢えていたため、「頭がいい」と言われてちょっと嬉しくなっている自分もいた。だが、その頭のよさも結局「ダメ」と否定されたわけだから、何も言い返せなかった。

いいかげん、せめて自分の食い扶持くらいは実績を出さなければと思い、夕方の四時くらいから寄付集めの活動に出て、バスに乗り込んでは降りてを繰り返し、ひたすら無心に寄付を呼びかけた。

たしかに、体を動かせば動かしただけの実績は上がる。もう口上《メント》に心は込もっていないのに、四時間ほど動いて帰る頃には、幸か不幸か、そこそこの寄付が集まった。

そのときの実績は、たしか三五万ウォン（約三万五〇〇〇円）ほどだったと思う。もしフルタイムで活動していたら、五〇～六〇万ウォンほどは余裕で弾けていただろう。心を込めても込めなくても、実績に大した違いが出ないことに、ますます信仰の意味を見失った。

「K教会長、褒めてたよ。あの時間から出かけていってこんなに実績を出したって」

メンバーの誰かがそう言って激励してくれたけれど、もはやどうでもよくなっていた。

活動に出ている間も、あの日本人の一世の「お姉さん」のことが頭から離れなかった。希望に満ちた「祝福二世」を育てるために、信仰がない男性との結婚生活に耐えているあの女性――。

私のような祝福二世は、当時の決まりでは、祝福二世同士でしか結婚が認められておらず、マッチングされた相手が統一教会の信仰も教義の知識もまったくない人に当たる可能性は、ほとんどないと言ってよかった。

一方で、そうした組み合わせが制度的に保障されているわけではない一世は、事情が異なる。「信仰二世」も同様だ。

信仰二世とは、先にも述べた通り、両親が祝福を受ける前にすでに生まれていた子どもを指し、教義上は一世と同じ扱いになる。だから信仰二世は、必ずしも信仰二世同士と結ばれる必要はなく、マッチングの相手は一世でもかまわないということになる。

S大学にいる、私のまわりの信仰二世には、すでに祝福結婚のマッチングを受けている人が多かった。彼らの結婚相手には、まっとうな信仰があるのだろうか。それまで、そんなことは当たり前だと思っていたので、あえて質問したことすらなかった。それを思うと、暗い気持ちになった。私には負うことすら許されていない一世および信仰二世の苦労を、図らずも知ってしまった気分だった。そして私は、心のどこかで、そんな苦労を負わずに済む自分の立場にほっとしてすらいた。

――ほら、祝福二世といったって、こんなに卑怯なんだよ。「原罪がない」はずの私は、罪深い人間の堕落した特性丸出しの人間なんだよ。だから「原罪がない」なんてただの幻想で、実際の祝福二世なんて、そんな大それた存在じゃないんだよ。

私は心でそう呟きながら、あの「お姉さん」のことを思ってまた泣いた。

その日、私は、無断外泊をした。拠点にしている教会に留まっていることすら苦痛だったのだ。韓国には二四時間サウナがたくさんあるので、外泊自体は造作もないことだ。ちょうど、実家の母から送ってもらったお小遣いを多少持っているタイミングだった。

とはいえ、無断外泊までした私のことは、教会の運営サイドもさすがに持て余したようだ。「どうしたらいいと思う」とR団長に訊かれたので、「いったん、日本に帰らせてほしい」と願い出た。私の一時帰国は、あっさり認められた。突然、活動を投げ出して帰国することをめぐる罪悪感は、献身活動を二年目も継続することに母が難色を示していたという事実が、少しだけ和らげてくれていた。

パスポートには、二〇〇三年一月二一日の日付で日本政府のスタンプが押されている。私はその日に、一年ぶりに日本の実家に帰ったのだった。傷だらけになって、一時的にすべてを投げ出した上での緊急避難という感じだった。

第4章　帰国後に父から聞いた昔話

1　「世界日報事件」がきっかけで冷遇された父

職場を追い出された父

自らの信仰をめぐってマックスまで高まっていた私の心のこわばりは、実家に帰ってほどなく解けた。両親と話したり、中高時代の韓国留学仲間（日本人の二世信者）と久しぶりにツルんだりしているうちに、自然にリラックスした状態になれたのだ。

もっとも、「洗脳が解けた」と言ったら言いすぎになるだろう。そもそも、祝福家庭である実家に戻ってそうなるというのもおかしな話だ。どちらかというと、「憑きものが落ちた」あるいは「我に返った」などと言った方が、このときの私の状態を形容する表現としてふさわしいかもしれない。

まだ離教したわけでもなく、単に「バリ（熱心な信者）」が燃え尽きた「ユル（熱心ではない信者）」になったというだけの話だった。

私が二年目も献身することに難色を示していた母に、あらためてその理由を訊いてみると、母としては、「つらい経済活動は自分たち一世の代で終わり」という認識だったという（「経済活動」とは、統一教会における寄付集めなどの資金調達活動のこと）。当初は「一年だけ経験してみるくらいならいいか」と思っていたものの、二年目と聞いていやな予感がしたそうだ。母の予感は当たり、のちに三男・顕進《ヒョンジン》氏から「二世は三年間献身することが望ましい」という方針が出されるようになった。

いずれにしても、実家に帰り着いたとき、私はボロボロになっていた。そんな私を元気づけようというつもりだったのか、父は統一教会信者としての思い出話をたくさん披露してくれた。

それまでは、父がそんな話をしてくれたとしても、単なる「昔話」として右耳から左耳へと聞き流しているだけだった。しかし、私自身が教会での「献身」を経験してから聞くと、その「おもしろさ」には格段の差があった。

そんな話の中でも最も驚かされたのは、それまで父が一度も話したことのなかった、「世界日報事件」と呼ばれる出来事についての内幕だった。

「世界日報」とは統一教会系の日刊新聞であり、それを発刊している世界日報社に父がいっとき勤めていたことは、私もなんとなく知っていた。しかし、私が物心ついた三、四歳の頃には、父はすでにこの新聞社を退職していた。

その退職理由は、母から聞かされていたところによればこういうものだった。

「社内で〝なにかいやなこと〟があって、すねてしばらく出社せずにいたら、デスクがなくなっちゃってたんだって」

父の退職についてそんなかたちでしか聞かされていなかった私は、子ども心に、「そりゃ、クビになるわ」としか思っていなかった。しかし母の説明は、事件の全貌を、そしてそこに父がどう関与していたのかを知ってから思い返すと、あまりにも粗雑で省略の多い内容だった。

世界日報社を父が辞めたのは、実はまさに「世界日報事件」こそがきっかけだったのだ。では、その「世界日報事件」とはどういう事件だったのか。現在では、この事件について書かれた記事が、Wikipediaなど、誰にでもアクセスできる情報としてネットにアップされている。

それらに基づいて事件の概要を私なりにまとめるなら、以下のようになるだろう。

一九八二年一〇月、「世界日報」の部数低迷で経営難に陥っていた世界日報社に、統一教会信者であった副島嘉和《そえじまよしかず》氏らが送り込まれ、経営再建に力を傾注した。

編集局長となった副島氏は、統一教会や国際勝共連合（統一教会系の政治団体）の機関紙・宣伝紙と化していた「世界日報」の紙面から宗教色・党派色を薄める一方、人員整理や売掛金の回収などを推し進めて、経営の立て直しに成功する。

ところがその動きは、統一教会と勝共連合からは「乗っ取り」と目され、一九八三年一〇月一日、統一教会の教祖・文鮮明氏の指示のもとに、勝共連合理事長だった梶栗玄太郎《かじくりげんたろう》氏が率いる勝共連合のメンバー約一〇〇人が世界日報本社に押し入って占拠、社員を監禁した上で暴行を加えた。

この騒動の中で副島氏は世界日報社を追放され、新しく社長に収まった梶栗氏のもと、「世界日報」は再び統一教会の機関紙・勝共連合の宣伝紙に戻された。

ひとことで言ってしまえば、統一教会内の内輪揉めである。

この事件の当時、父は世界日報社の社員であり、事件を経て追い出された副島氏の部下の立場にあった。

父からその話を聞いた時点では、この事件は「二〇年前の出来事」だったが、今では「四〇年前の出来事」になってしまった。しかし、父から聞かされた「被害者側から見た情景」は、これまでこの事件について語られてきたこととは異なる側面を持っている。

「世界日報事件」の裏側

これも貴重な証言だと思うので、父から聞いた話を中心に、この機会に文章としてまとめておきたい。一部、比較的最近になって、父の友人から教えてもらった話も交えて再構成している。行為主が統一教会本部だったか勝共連合だったかについて記憶が曖昧な部分は、「統一教会側」という書き方にしている。父は二〇一一年に他界しており、再確認も望めないため、その点はご了承いただきたい。

父がその昔話をあえて私に明かそうと思った本当の理由はわからない。「献身活動を通じて、統一教会の体質や〝黒い〟部分も見てきた今の娘になら、これを話してもわかってもらえるだろう」と踏んだのかもしれない。

いずれにしても、この事件が起きた一九八三年当時、父は「世界日報」の支局のひとつを任されていたという。

その頃、編集局長の副島嘉和氏は、「世界日報」を、統一教会や勝共連合の関係者だけではなく、世間一般の読者にも広く読んでもらえる一般紙にシフトさせようという方針を掲げており、日本の統一教会本部の久保木《くぼき》修己《おさみ》会長（当時）もそれをバックアップしていた。

具体的には、左派に対抗できる保守右派の新聞に紙面を作り替えるべく、外部の大手新聞社から非信者の人材を駆り集めることまでしていたという。副島氏のそんな意欲的な取り組みのもと、父は若い希望を燃やして奮起していた。

そんなある日、父は統一教会側のK氏という幹部から、「もうすぐ世界日報に〝人事〟がある（人事異動の通達がある）」と仄めかされた。

紙面を刷新した「世界日報」は購読者も増やし、軌道に乗っていた。それでいてどうして担当者をわざわざすげ替えるようなことをするのか、と父が訝しく思うか思わないかのタイミングで、勝共連合の理事長であった梶栗玄太郎氏を中心とした武闘派が、世界日報編集部と印刷工場に乗り込んできて暴力沙汰となった。その中には、事前に「人事」という言い方で事件を示唆してきたK氏も含まれていたという。

印刷工場の現場は、大事に至らずに済んだ。日頃から見張っていたという公安関係者が、「兄弟喧嘩はやめなさい」と制止に駆けつけたからだ。しかし編集部の方は、揉み合いの末、実際に世界日報社側の社員が暴行を受ける結果となってしまった。

統一教会側が襲撃をかけた理由は、「副島氏が世界日報社を乗っ取ろうとしているから」というものだった。

父は支局にいたため、暴力の現場には居合わせずに難を逃れたようだが、事件後、襲撃側にいたK氏への抗議の意思を表明するために無断欠勤などをしている間に、あっさり解雇されてしまったようだ。

世界日報社を追われた副島氏は、統一教会本部の久保木氏にはさぞ失望したことだろう。副島氏の方針を支持し、応援していたにもかかわらず、この事件をめぐってはなんの後ろ盾にもならず、突然、梯子を外してしまったのだから。

その心情は、この事件を皮切りに副島氏とともに追い出された、父をはじめとする元世界日報社員たちにも共通するものだったはずだ。襲われた側から見れば、この事件は、統一教会側の幹部たちによる「副島氏つぶし」にほかならなかったのではないかという疑惑が浮かんでくるからだ。統一教会側の幹部たちが恐れていたのは、本当は副島氏らによる「乗っ取り」ではなく、世界日報社が独自の経済力をつけ、副島氏が彼らにとっての脅威となることだったのではないか。

日本の幹部たちは、自らの既得権益を守るために、世界日報社の現状について、教祖・文鮮明氏をミスリードするようなかたちで情報を伝えたのだろう。そして文氏から、「殴ってでも世界日報社を取り返せ」という「勅命」をうまく引き出し、ことに及んだのではないかと思われる。

もちろんこれは、追い出された側が抱いた臆測にすぎない可能性もある。副島氏の若さゆえの「根回し」不足も、背景にはあったのかもしれない。

それにしても、統一教会本部がこの事件について、内部に向けて施した説明は理不尽極まりなかった。久保木会長は、副島氏のことを「北（朝鮮）のスパイ」呼ばわりしたのだ。それが本当なら、暴力をもって排除することも致し方なかったと当時の教会員たちは解釈しただろう。

この事件を通じて、世界日報社から追い出された元社員たちは、父自身も含めて、教会組織そのものにおける居場所も失っていくことになったのだった。

うちの親は〝不良信者〟？

私は物心ついた頃から、父が教会活動に熱心に取り組んでいないことを不思議に思っていた。まわりは祝福家庭だらけだったため、他の家庭の父親との違いはいやでも目に入ってきていたのだ。子どもの頃から、周囲に向かっては、そんな父親のことを卑下して、「うちの親は〝不良信者〟だから」などと言わざるをえないこともあった。

世界日報社を辞めてから、父がやる気をなくして燻《くすぶ》っていることはなんとなく知っていたものの、それに明確な理由があったと知ったのは、父からこの事件の話を直接聞いたこのときのことだった。世界日報事件は一九八三年、父がこの話を明かしたのは二〇〇三年なので、父は二〇年もの間、ひたすら沈黙を守っていたことになる。

統一教会の祝福家庭では、毎週日曜日には午前五時に起床し、家庭内で「敬礼式」と呼ばれる儀式を執りおこなう決まりになっていた。「真のご父母様」たる文鮮明氏夫妻の写真を前にして、一家全員で、体を屈める韓国式のものものしい「敬礼」を神に捧げる儀式である（最近では、毎日曜日ではなく、「安待日《あんたいび》」と呼ばれる独自に設定された日におこなっているようだ）。

この「敬礼式」については、二世信者の体験談では、「日曜日の早朝ごとに親に無理やり起こされてつらかった」といったかたちで語られるのが相場だが、私の場合は少し違っていた。本来は家族揃っておこなうはずのこの儀式に、父が参加していなかったことばかりを鮮明に覚えている。

母と姉と私の三人は揃っているのに、父だけが不在だった。たまに起こしに行っても、決して参加しなかった。だから私の記憶には、日曜の朝五時に起こされるつらさよりも、そこに父が加わっていなかった寂しさの方が色濃く残っている。

もっともその同じ父が、たまに自分の部屋にこもって、教祖夫妻の写真の前にロウソクを立てて火を灯し、一人で一時間でも二時間でも祈っている姿を見かけたこともある。信仰心がないわけではないことは、その姿からわかっていた。

父が文鮮明氏のことを、「お父様」ではなく「先生」と呼んでいたことも印象に残っている。ほとんどの信者は特に恥じらいもなく「お父様」と呼んでおり、それが当たり前だったので、父だけ違う呼び方をしていることにはかなりの違和感があった。

おそらく、「これからは文鮮明師のことは〝お父様〟と呼ぶことにしましょう」といった方針を統一教会が決めた時点で、父はすでに教会と心理的に距離を置いており、それが原因で、文氏の呼び方についての方針にもあえて従わなかったといったことだったのではないかと想像される。

統一教会の信者としての父には、もともと、いずれかのタイミングで時が止まってしまっているかのような雰囲気があった。世界日報事件の話を父から聞くことで、そのタイミングというのがまさにこの事件だったらしいということがわかり、私はようやく腑に落ちた気持ちになった。

なお、私は中学から韓国に留学しているが、それは統一教会内のある制度に基づくものだった。日本の祝福二世の子どもから、男女一〇名ずつが選抜され、小学校を卒業した後に韓国に留学させるという取り決めがあったのだ（現在は男女二〇名ずつになっていると噂で聞いている）。

私はその選抜試験を小四のときに受けて、無事に合格している。ただ、世界日報事件のことを知ってから振り返ると、私が留学メンバーに選ばれたことは、少し意外だ。私の父親が世界日報社時代に副島氏の忠実な部下であったことは、教会側も把握していたはずだ。それでいてあえて私を選抜したのはなぜなのか。

当時の世界日報社員らに下した理不尽な処遇に関して、統一教会側にもなんらかの後ろめたさなり罪悪感なりがあり、慈悲心を発揮したということなのか。それとも、選抜試験の科目のひとつであった作文に、父が自分の部屋にこもって何時間も一人で無心に祈っているというエピソードを私が取り上げたことが功を奏し、父が「反省している」と解釈したのか。

もちろん、選考に携わっていたのが、世界日報事件の経緯などあずかり知らない人たちであっただけという可能性もある。これればかりは、臆測の域を出ない。

ただ、その後、私が結果として離教し、こんな暴露話めいた文章を書き記していることを思うと、私を韓国留学メンバーとして選抜したのは、統一教会としてはやはり失策だったのではないかと思えてならない。

事件の加害者は出世

世界日報事件が起きた後、当時の加害者側にいた幹部の人々がどうなったかというと、統一教会会長だった久保木氏も、勝共連合理事長だった梶栗氏も、「もうすぐ世界日報に〝人事〟がある」と父に仄めかしたK氏も、結局、統一教会まわりで重職を担いつづけた。

梶栗氏はのちに統一教会の会長に就任したし、その息子である梶栗正義氏は、勝共連合をはじめとする複数の統一教会関連団体で会長を務めたりしている。K氏の娘はその後、文鮮明氏の孫のもとに嫁ぐことになった。

父を不遇な立場に追いやった忌まわしい暴力事件に関与した人々は、そのまま統一教会の中枢に留まり、その子どもたちまで優遇されていること――私が離教するに至った経緯の中で、それを知ってしまったことは、理由として大きな割合を占めていると思う。

ただその一方で、教会から冷遇されて表舞台から退きながらも、結局、死ぬまで信仰を捨てずにいた父のような人の立場も、私は尊重したいと思っている。

父にとっては、冷遇されたことよりも、それまで青春を統一教会に捧げてきたという事実の方が大切だったのだろう。あるいは、事件を経て統一教会との間に距離が生じる中、一般社会の中にどうにか居場所を見つけようと奮闘したものの、思うように社会の側から受け入れてもらえなかったという可能性もある。

父は、残念ながら後者に当たるのではないかと思うこともある。

私自身、離教してみて気づいたことだが、統一教会をやめたからといって、一般社会での生きやすさがすぐに手に入るというわけではないのだ。

世界日報社を追われた後の父が、具体的にはどんな道筋を辿ったのかも簡単に記しておこう。教会側の慈悲だったのか、しばらくは「宗教新聞」という、「世界日報」とはまた別の統一教会系の新聞を作る仕事に関わっていたが、それもいつの間にか辞めていた。それからの父は、職を転々とする毎日だった。

統一教会とは無関係な事業や出版などを手伝ったり、アルバイトを兼業したりしていたようだ。先にも述べた通り、私が高校一年の頃、心臓病で倒れて入院した。父はもともと文章を書くのが好きで、だからこそ世界日報社や宗教新聞社に勤務していた。退院後は、物書きは趣味に留めながら、警備員の職に落ち着いた。

ただ、これは母づてに聞いた話なのだが、退院後の求職中、父は履歴書にわざわざ「統一教会伝道師」と書き記していたという。おかげで雇用してくれるところがなかなか見つからず、無職の期間が半年も続いてしまった。

警備員として父を雇ってくれた会社は、「職場では布教活動をしない」という条件つきで採用を認めてくれたという。結果として、そこが父にとって最後の、そして最も長く勤めた勤務先となった。

父のことだから、履歴書に正々堂々とそう書いた上で、それを認めてくれる職場に勤めることを通じて、象徴的に「神のための仕事に就いた」と解釈し、この苦境を精神的に乗り切ったのだろう。

同じときに世界日報社を追われたほかの「兄弟」たち（教祖夫妻を「真のご父母様」とみなす統一教会では、信者はみな「兄弟姉妹」という位置づけになる）も、「社会復帰」には大変な苦労をしたと聞いている。

父たちは、かつて「親泣かせの原理運動」と報じられた世代の信者に当たる。父自身もそうだが、大学に入ってから学内で原理研究会に「伝道」されて統一教会に入信し、そのまま大学を中退して、教会のために働いてきた人たちばかりだ。

教会のために学業をあきらめ、まともな社会的スキルもない状態であったにもかかわらず、当の教会に裏切られてしまった。彼らは教会の掲げる理想に共鳴していたのに、その教会それ自体から「棄教」を強いられ、世俗社会に放り出されたのだ。そのショックを癒し、社会と自分とのギャップを埋めるのに、どれだけの労力が必要だったことか。

〝内ゲバ〟では済まされない

私は統一教会の現役信者の信仰を否定はしない。だが、同時に、統一教会という教団が世界日報事件のような不祥事を起こしたこと、その謝罪も清算もしないまま現在に至っているということも知ってもらいたいと思っている。

そして統一教会に対しては、自分たちの「信教の自由」を主張する前に、濡れ衣で破門された人たちの信教の自由を奪った過去が自分たちにあるのだということを正面から見据え、可能なら今からでも嘘を認めた上で、きちんと謝罪してほしいと思っている。

百歩譲って、副島氏らが世界日報社の「乗っ取り」を企図していたことが事実だったとしても、それをなぜ、暴力で解決しようとしたのか。

「四〇年前なら、左翼でも右翼でも〝内ゲバ〟なんて当たり前だった」

そんなひとことで済まそうというのだろうか。

統一教会側は、自分たちが不当な迫害を受けていることの一例として、反対派による拉致監禁で無理やり脱会させられた信者の悲劇をよく取り上げている。そうした逸話が作り話なのだとは、もちろん私も思っていない（そもそも私がどう思おうが、拉致監禁による強制脱会の被害は、民事訴訟の最高裁判決で事実が認定されている）。

むしろ、実際にそういうケースがあると知っているからこそ、かつて自分たちが強制的に脱会させた人たちにどれだけの苦痛を与えたのか、その事実にも向き合ってほしいと思うのだ。

それに関連して、二〇二二年七月八日の安倍元首相銃撃事件以来加熱した統一教会へのバッシングに関しても、元信者として思うことはいろいろある。

桜田淳子さんの合同結婚式参加を契機とした三〇年ほど前の統一教会バッシングの際は、私もまだ小学生だったため、信者として味わわされたつらい思い出も多い。だから今、矢面に立たされている現役信者には同情する気持ちもある。

だがそれ以上に、統一教会に対しては、この機会に膿を全部出し切ってもらいたいという思いの方が強い。教団としてなにをしてきたのかをうやむやにしたまま、ただ「改善した」「それは過去のこと」とだけ言って、自分たちにしか通用しない「信教の自由」を主張するのは、虫がよすぎると思う。

統一教会の久保木元会長は、晩年になって、本来の出身宗教である立正佼成会のお題目を唱えていたと漏れ伝わっているらしい。それが本当だとしたら、統一教会の宗教としての役割についても疑いの目を向けざるをえない。統一教会の教えが、会長経験者の晩年を支えることすらできなかったのだとしたら、あまりにも皮肉な話だ。

もちろんそれも、ただの臆測ではある。

そもそも宗教というものが、それを支える組織も含めて、正しい姿のままでありつづけるのはむずかしいことなのかもしれない。組織を維持していく上では、権力争いを避けられなくなる局面もある。そして、自分たちの側が「正義」だと思い込むあまり、暴力が正当化されたりもするだろう。

しかしその一方で、カトリック教会がカナダの先住民やその子どもたちに対して過去にひどい扱いをしていたことをめぐって、何十年も過ぎた近年になってローマ教皇が謝罪した、といったニュースも流れてくる。

過ちを犯してしまったことはもう取り返しがつかないとして、せめて謝罪の声明はきちんと出す姿勢が大事だと思う。統一教会には、それができる宗教に一刻も早く生まれ変わってほしいと思っている。

2 父の知られざる功績と、「あさま山荘事件」をめぐる意外な真相

父は〝万物復帰〟の発案者だった?

献身活動を投げ出して日本に帰国してから、世界日報事件のようなハードな話題以外にも、父からは実にさまざまな話を聞き、統一教会信者としての経験をシェアすることができた。父と私と、活動した時代は違っても、ともに寄付集めに血道を上げた点は共通していたのだ。

そうして父から聞いた昔話の中には、世界日報事件とはまた別の意味であっけに取られる内容のものも含まれていた。

最も驚いたのは、私の時代まで存続していた統一教会の寄付集め活動のスタイルに関して、原形を考案したのはどうやらほかならぬ父であったらしいということだ。この話については、私は今もって半信半疑なのだが、とりあえず父から聞いた話をそのまま書いておくことにする。

ことの発端は、私が「二世献身プロジェクト」での活動中、日本や韓国やヨーロッパ各国を飛び回って寄付集めに励んだ体験談を明かしているときに、父がドヤ顔でこんな発言をしてきたことにある。

「最初に〝経済活動〟と『原理講論』を組み合わせて新人トレーニングに活用したのは、実はパパなんだよ」

父がなにを言っているのか、咄嗟にはわからなかった。

すでに述べた通り、「経済活動」とは、統一教会における寄付集めなどの資金調達活動を指している。そして私の時代には、『原理講論』の内容を寄付集め活動と結びつけ、営業成績を挙げながら同時に信仰心も高めていくようなスタイルが当たり前になっていた。それを考え出したのが自分の父親だという考えに、意識が追いついていかなかったのだ。

世界日報事件以降、統一教会内では、父は干されていた。事件は私が一歳か二歳のときに起きたものなので、私はそれ以降の冴えない父の姿しか記憶になく、父が教会でなんらかの実績を残しているなんてまるで知らずにいた。

時代は一九七〇年代、そして当時の父はまだ二〇代である。任地は北陸エリアのとある場所。

当時の「経済活動」、つまり寄付集めといえば、まずもって「花売り」だった。もっともその頃の花売りは純粋な活動費集めで、それ以上の位置づけではなかったらしい。それでも、教会の理想を実現するためのお金を集めるという意味で信者たちにモチベーションはあるものの、地味でつらい作業ゆえ、闘志は長続きしない。

そこで父は、メンバーの士気を高めることを期して二つの提案をした。ひとつは「マイクロ隊」の結成、もうひとつが、『原理講論』の内容と花売りを結びつけてトレーニング化することだった。

「マイクロ隊」とは、第2章で述べた通り、寄付集めが目的の物販など、ワゴン車等に同乗して行動するメンバーの単位を表す呼び方で、統一教会の寄付集め活動においては基本中の基本となる最小ユニットである。そして教会は、そのユニットで「万物復帰」を繰り広げてきたのだ。それが本当なら、父は統一教会の万物復帰活動の発案者にほかならなかったということになる。

——ちょっと待って。

私は思わず心に叫んだ。にわかには受け入れられなかった。

というのも、マイクロ隊による万物復帰といえば、その後、暴利上乗せの物販から悪名高い「霊感商法」まで発展していく、「発明」としては最も問題の多い手法ではないか。その雛型をこしらえたのが、自分の父親だったというのか。「おまわりさん、この人です!」と警察に突き出したくなるような話ではないか——。

これはさすがに嘘か、せめてだいぶ「盛った」話であってほしいと思った。すると父はすぐに、こう言い添えてトーンを和らげた。

「すぐに東京本部がそのノウハウをパクって、どんどん無茶なやり方にアレンジしていって、問題になっちゃったんだけどね」

それを聞いて、私はかなりほっとした。少なくとも、霊感商法それ自体を発案したのは父ではないとわかったからだ。まあ、世間から見たらどっちもどっちなのかもしれないが。

ともあれ父は、そうして結成したマイクロ隊を隊長として自ら率い、めざましい営業成績を弾き出したという。法外な値段をふっかけるようなことはせず、あくまで「物販のつらさ」をトレーニングと捉えることで信者たちのモチベーションを高め、それを通じてのみ、莫大な売上を達成したというのだ。

それだけならまだしも、この話にはさらに尾ひれがつく。

父たちの功績が地域の企業社会にも語り伝えられた結果、父はとある北陸の会社に呼ばれ、「うちの営業社員たちに売上アップの極意を伝授してください」との依頼まで受ける流れとなったという。

「だからパパはその会社でセミナーを開いて、統一原理の講義をやったんだよ」

父はそう言うのだが、果たしてどこまで事実なのか。後に述べるように、父はたしかに『原理講論』の内容を講義する「原理講師」を務めていたこともあったようだ。しかし、売上アップの極意がどうして原理講義になるのか。

そのセミナーに、営業指南として実際にどれだけの効用があったのかは不明ながら、その会社が今も存続しているのなら、当時のことをぜひ聞いてみたいものだと思う。いや、その会社にしてみれば、統一教会信者を講師として招聘《しょうへい》したことは間違いなく黒歴史だろうから、そっとしておいた方がいいだろうか。

それにしても、父からこの話を聞いて、二世献身プロジェクト中に韓国で感じていた疑問のひとつが解けた気がした。すなわち、寄付集めと統一教会の教義を結びつける傾向が、韓国ではなぜ日本ほど強くないのかという疑問だ。そういうやり方は、そもそも日本発（ことによれば私の父発）だったのかもしれない。

思い出されるのは、ドイツでともに活動していたベラルーシ人信者のことだ。彼らもまた、寄付集めをただ漫然とおこなうことはなく、その間に経験したことを歴史や信仰と重ね合わせることでモチベーションを高めるというノウハウをたしかに持っていた。

一方、ロシアにいたリーダー格の男性は、自分の「霊の親」は日本人だと言っていた。「霊の親」とは、自分を「伝道」した人のことである。

ロシアやベラルーシ、ウクライナにおける「開拓伝道」(信者のいない国や地域で新たに布教を進めていくこと)には、日本人信者が積極的に関わっている。その影響で、こうした国々には日本式の寄付集めの方式が韓国などよりも広く深く浸透していた可能性がある。

なお父は、統一教会本部から営業のノウハウを剽窃《ひょうせつ》されながらも、経済面での功績は認められたらしく、「経済部長」の肩書きを頂戴したという。ただし、それが北陸地域における「経済部長」だったのか、本部におけるそれだったのかは、きちんと確認しなかったのでよくわからない。

いずれにせよ、これが統一教会信者としての父にとって大きな成功体験であったことは論を俟《ま》たないだろう。そんな「元経済部長」の父が、わが家にはこれといって際立つ経済的恩恵を一度ももたらさなかったことは、娘としては少々残念だ。

父の生い立ち

そんな父は、そもそもなぜ、統一教会に入信したのだろうか。私が日本に帰国してから、父はそのあたりの経緯についても率直に語ってくれた。

父は母と同じ団塊の世代で、大阪育ちだ。血筋的には沖縄にルーツを持っていた。ただし祖母は滋賀県出身なので、父は沖縄ミックス、姉や私は沖縄クォーターということになる。当時はまだ、沖縄出身者に対する差別が色濃く残っていた時代だったが、父が差別的待遇に遭うことはほとんどなかったという。

ひとつには、祖父母が結婚と同時に沖縄風の苗字を改姓していたからだろう。それがすなわち、私の旧姓ということになる。

ただ、これは母からの又聞きなので真相ははっきりしないのだが、実は祖母自身も被差別部落出身だったという。祖父母の結婚は戦前のことであり、沖縄出身者と被差別部落出身者という差別されている階層同士で結婚したのだと考えれば、その話にも一定の信憑性があるような気がする。

ともあれ、姓も沖縄風ではなくなっていた父はこれといった差別を受けずに生きてきたが、そのことが逆に、沖縄出身でも苗字を変えずにいたクラスメイトに対する後ろめたさのようなものに繫がっていたかもしれないと父は語っていた。そのクラスメイトは、沖縄風の姓が原因でからかわれたりもしていたそうだ。

その父が小学生か中学生だった頃、番長的な存在であった在日朝鮮人と口喧嘩になったことがあるという。ところが、お互いにヒートアップしてきたある段階で、なぜか相手が急に態度を軟化させてきた。それまでは、彼に楯突くほど威勢のいい存在がまわりにいなかったことから、父は妙に気に入られたらしい。父と彼は、のちに親友となった。

しかし、高校生になると、その在日朝鮮人の親友は、「帰国事業」によって北朝鮮に帰還してしまったという。

帰国事業というのは、一九六〇年代を中心に、在日韓国・朝鮮人のうちの希望者を、日本政府が特別な協定に基づき、国交のない北朝鮮に船で送り届けた事業のことだ。一九五〇年代から一九八四年にかけて、九万人以上の在日韓国・朝鮮人がこの経路で「帰国」した。
「帰国」といっても、父祖が朝鮮半島出身であっただけで、本人は一度も日本を出たことがないような人も大量に含まれていた。

その帰国事業で北朝鮮へ渡った父の友人は、その後、消息がわからなくなったという。

ところで、統一教会信者となった父が「霊的なもの」に関心を持つきっかけとなったのは、高校生の頃に読んだダンテの『神曲』であったと聞いている。いつだったか、父に『神曲』を借りて少しだけ読んでみたこともあるのだが、あまりに神話的・文学的すぎて、私にとっては正直ピンとくるものはなかった。

それよりも、北朝鮮に消えたその親友を経由して引き起こされた朝鮮半島への関心が、父と統一教会とを結びつけたのではないかと私は考えている。突然、親友が行方をくらましてしまったことからくる喪失感、その親友を連れ去ってしまった朝鮮半島への関心——それこそが、半島由来の宗教である統一教会に父が入信した最大の動機だったのではないか。

なお父は、幼少の頃、沖縄に一度「里帰り」をしているが、沖縄は「自分の居場所という感じはしなかった」とも語っていた。

そもそも父は、沖縄の血を引いているだけで、沖縄で生まれたわけでも育ったわけでもない。しかも父が「里帰り」をした頃、沖縄はまだ日本に返還されておらず、パスポートを携え、アメリカ領内に入るというかたちでの訪問だった。沖縄に「帰ろう」と思っても、滅多にその機会を作れなかった。そういう土地に対して、「故郷」という感覚を抱くのは困難だったかもしれない。

一方、父の親友は、正真正銘の「故郷」へと帰還を果たしたのだ。一九六〇年代・七〇年代には、北朝鮮の実情はまだ日本にきちんと伝わってはおらず、「地上の楽園」として過度に理想的に語られることも多かったと聞いている。

あいつには帰ることのできる理想の国があって羨ましい――父はその親友に対して、そんな思いを抱いていたのかもしれない。

さて、団塊の世代といえば真っ先に思い出されるのが学生運動だ。当時は、どちらかといえば左翼思想に傾倒した学生が多かったはずだ。父はマルクスの影響は受けなかったのだろうか。

父が通った高校は進学校で、大学にも進学したものの、その学内に組織されていた原理研究会経由で統一教会に「伝道」され、ものの一週間ほどで大学に通うことをやめてしまったと聞いている。

「団塊」という名の通り人数も多い中、そして祖父母は決して裕福ではなかったにもかかわらず、せっかく受験を勝ち抜いて合格したのに、なんとももったいない話だ。文字通り、「親泣かせの原理運動」の好例だったということになる。

もちろん、そこで父が統一教会に入信していなければ、母との祝福結婚もなく、私という存在も生まれていなかった。だが、今や私自身が親の立場になってみてあらためて思うのは、「やはり統一教会は相当に〝親泣かせ〟だな」ということに尽きる。

父から聞いた話で、「世界日報事件」と同じくらい衝撃的だったのは、「あさま山荘事件」をめぐる真相の一端である。

あさま山荘事件とは、一九七二年、新左翼の組織である連合赤軍の残党が、軽井沢にあった河合楽器製作所の保養所に、管理人の妻を人質にして立てこもった事件だ。その過程で、「総括」の名のもとに仲間内で殺し合いが起きたことが当時の世間を騒がせた。

そのとき、殺害された被害者の中に、統一教会における父の後輩が含まれていたというのだ。

統一教会は、関連団体の勝共連合に象徴されるように、政治思想的には右翼に当たる。その統一教会に出入りしていた父の後輩が、反対陣営である極左団体の内部暴力事件に巻き込まれてしまったのはなぜなのか。

もっとも、それを特に不思議に思わないという人もいるかもしれない。統一教会にしても連合赤軍にしても、ある意味で「極端な」ところにいるという点では違いがないからだ。

父にとっては「統一原理」がよほど正しいと思えるものだったらしく、右翼と左翼の間を行ったり来たりすることもなかったようだ。そして、そうなってしまう若者の気持ちは、少なくとも私にはわからなくもない。どちらが正しいのかと真剣に考える人ほど、「どちらの陣営のことも、実際に飛び込んでみなければ本当のところはわからない」と考えがちだと思うからだ。

そうして自分なりの「正義」を追い求めた結果、父の後輩は犠牲者となってしまった。「それが自分であったとしても不思議ではなかった」と父は語っていた。

3　あまりに無邪気だった母

母はアメリカで逮捕された

「世界日報事件」について長らく口を閉ざしていた父とは違って、母には特に隠しごともないだろうと私は思っていた。だが、私の帰国後、母の口からも思いがけない過去が明かされて驚いた。信者としての任地であったアメリカで逮捕され、留置所に収容されたことがあるというのだ。

スイスの銀行で〝マネロン〟の現場を目撃した私、暴力による内部抗争の煽りを受けて干された父に加えて、アメリカで留置所に入れられた母……。

私が帰属する組織や家庭は、マフィアかなにかなのかもしれないという疑惑が、いよいよ確信に近づいていく。

時は一九七〇年代で母はまだ二〇代、父が北陸ではじめてのマイクロ隊を結成したのと相前後する時期だ。当時の母はニューヨークで一軒一軒戸別訪問をしながら寄付集めをしていた。そんなある日、突然、警察官がやって来て、両手を挙げさせられた上、そのまま留置所へ連行されてしまったという。

結果としては起訴されることもなく、一日かそこらで釈放されたそうだが、母はとてもショックを受けた。すでにマッチングされて婚約者となっていた父宛てのハガキの中でも、この出来事に触れている（そのハガキは、今は私が両親の形見として保管している）。

もっとも、母に言わせれば、「アメリカ人はなにかあればすぐ警察に通報する」のだそうで、この一件も母の中では、「悪いことをしたから逮捕された」という認識にはなっていなかったようだ（それはあくまで、母の個人的な解釈だが）。

それにしても、母はこの話を、私が成人するまでは話さないでおいてくれたわけで、その点には感謝すべきだと今になって思う。

もちろん、本人も黒歴史だと捉えていたからこそ黙っていたというだけのことかもしれない。だが、もし私が幼少期の頃に、母が武勇伝のようにこの逸話を披露していたとしたらどうだろう。私は「世間のまとも」からはさらに距離を設けられた状態で、捩《ねじ》れた成長の仕方をしてしまっていたかもしれない。

ただ、母もひとたび私に明かした以上、吹っ切れてしまったようで、同じ話を二度、三度と続けながら、晩年にはとうとう笑い話に転じてしまっていた。

母のこのアウトローな思い出話は、時として日常の食生活の中にまで侵食してくることがあった。たとえばある日の母は、なにを思い立ったか急にパンケーキを焼いたのだが、その理由というのがこうだった。

「同じ留置所に、薬物の不法所持かなにかで捕まっていたらしい黒人の女の子がいたんだけど、その子が〝お母さんの焼いたパンケーキが食べたい〟って言いながらずっと泣いていたの。それを思い出したら、なんだかパンケーキが食べたくなっちゃって……」

母がアメリカにいたのは一九七〇年代である。その時代の信者なら、統一教会がアメリカで開催した二つの大規模な大会についての言及があってもよさそうなものだ。

ひとつは一九七四年九月一八日、ニューヨークのマディソン・スクエア・ガーデンで開催された「マジソン大会」、もうひとつは一九七六年九月一八日、ワシントンモニュメント広場で開催された「ワシントン大会」である。

その頃、「神の国」であるはずのアメリカが、麻薬やフリーセックス、共産主義の脅威に晒されていることを憂慮した文鮮明氏が、アメリカ国民に「覚醒」を呼びかける目的で開催した大会である。動員数は公称でそれぞれ三万人、三〇万人と破格の規模だった。

動員数の信憑性はともかくとして、当時アメリカに在住していた母は、両大会をめぐる活動にも携わっていたという。しかし母は所詮、末端信者の一人にすぎなかった。その思い出話といったら、「パンケーキ」レベルの些細な自己体験に終始してしまうものなのかもしれない。

そんな母は、父にいわせれば、「〝統一原理〟をまったくわかっていない」という評価になっていたようだ。父と母は「祝福結婚」によって結ばれたわけだが、統一教会信者としての父と母のプロフィールは、たしかにだいぶ異なっている。

統一教会の合同結婚式について一般に最も驚かれるのは、それまでは面識もなかった男女がマッチングによって引き合わされ、その相手を伴侶としなければならない点だ。ただ、実際に信者となり、それが当たり前という世界観の中で生きてくると、初対面の相手と夫婦になることに対する抵抗感も、その相手と信仰を同じくしていることを糸口にして克服できるだろうと楽観的に捉えられるようになってくる。

逆にいえば、相手の信仰の「程度」が自分と大きく違っていれば、そこには葛藤が生じることになる。私が韓国で出会った日本人一世信者の「お姉さん」は、その極端なケースだ。彼女は統一教会信者としての信仰を持ってすらいない男性とマッチングされていた。

草創期から両親の世代くらいの統一教会ではそんなケースはなかったようだが、それでも、信仰心の強さなどが相手と合うか合わないかは、やはり大きな問題だった。

家出がきっかけで入信した母

祝福を受けて家庭を持つまで、父が第一線の「原理講師」だった一方、母は一介の信者にすぎず、統一教会の教義等に関する知識については格段の差があった。それもあって、結婚当初、父は母の統一原理に対する無理解ぶりにいたく失望していたらしい。

母に直接訊いてみると、入信した当時に教義についてあまりきちんと学ぶ機会がなかったことは本人も自覚していた。事実、母の入信過程は、きわめて場当たり的なものであったようだ。

高校卒業後、地元東北の大学進学を目指して浪人をしていた一八歳か一九歳の母は、両親（私から見れば母方の祖父母）が相次いで他界するという憂き目を見る。それ以降、母の実家は嫂《あによめ》が牛耳るようになり、居心地が悪くなった母は、先に統一教会に入信していた姉（私から見れば伯母）にくっついて横浜に出てきたという。一九六五年頃のことだ。

そうして着の身着のまま横浜の教会施設に転がり込んだはいいものの、誰かが教義を教えてくれるというわけでもなかった。若い信者たちはみな、伝道や物売りのためにほとんどの時間、ホーム（信者たちが寝食をともにしている家屋）を不在にしていたからだ。

母は、「このままただ住居と食事を一方的に世話されつづけているわけにはいかない」と考え、まずは花売りから手伝いはじめた。花売りは母たちの世代の統一教会にとっての資金調達手段だ。この時点で母は、この教団が何を目指しているのか、どんな活動をしているのかも理解していなかったという。

こんななし崩しの流れで統一教会の活動に加わっていったことが、母の「無理解」の背景にはあるのかもしれない。たしかに母には、教義や教会に対するリスペクトに若干欠けるところがあったような気がする。

先に述べたように、統一教会では、自分を入信させた人のことを「霊の親」と呼び、その人のことを尊重しなくてはいけないとされる風習が定着している。実際、この教団に入信したことに普通に満足していれば、そのきっかけを作ってくれた人に対しても敬意を抱くようになるのが自然だろう。

その風習が大きな葛藤を呼び起こしたりすることには、普通はならないということだ。中には、押しの強い「霊の親」になかば無理強いされるようなかたちで入信し、信仰を持ちながらも大きな葛藤を抱えてしまうようなケースもあるようだ。しかし、仮にそうなったとしても、統一教会には、「中心（自分よりも教祖に近い存在）には絶対服従」という文化がある。

「霊の親」について陰で悪く言うことはあっても、本人に向かってあけすけに歯向かう信者の話というのは、あまり聞いた覚えがない。

ところが母の場合、「霊の親」は、勝手知ったる「実の姉」だったのだ。信者である以前に、姉妹としてのもともとの関係性があるため、お互いに遠慮がなく、口喧嘩などもしょっちゅうしていたようだ。

そうでなくても、母が統一教会に入信したのは、もともと「実家に居づらくなった」ということが原因の「家出」がきっかけとなっていたようなものだった。家出をして身を寄せた先が、たまたま姉の帰依する統一教会だっただけで、その教義や理想に共感した上で信仰を持つようになったわけでもない。

そういう経緯で信者となった母に、教会や教義、また「霊の親」に対するリスペクトの気持ちが欠けていたとしても、なんら不思議ではない。

その結果として、母は「統一原理を理解していない」と父にジャッジされる羽目になったわけだ。とりわけ父を呆れさせたエピソードが二つある。ここにそれを紹介しよう。

会報誌「ファミリー」の使い道

ひとつ目は、母がある男性と二人で食事することになったという出来事をめぐる顚末である。両親がすでに「祝福家庭」をスタートさせてからのことなのか、それよりも昔の、独身時代のことなのかははっきりしない。いずれにしても私が生まれる前に起きたことだ。

ともかくも、母にとってその男性は「伝道対象者」——すなわち、統一教会に入信させるための布教をする対象にすぎなかったのだが、相手の男性がこの食事をどう捉えていたのかはわからない。「デート」のつもりだった可能性も大いにある。

食事と会話を楽しんだ母は、このまま仲良くなった上で、折を見て教会のことを切り出そうと考えていた。ところが帰りの電車の中で、相手の男性はなにやら様子がおかしくなり、吊り革につかまったまま、「あぁ～っ」と悔しげなため息をつきはじめたという。

母はそのため息の意味を理解できていなかったようだが、私から言わせればほぼ自明だ。彼はきっと、「なんでいいムードにならないのか」というもどかしさに身悶えていたに違いない。

真相はわからないながら、結局、次に会う約束は取りつけないまま、母はその男性と会わなくなったという。

母は、そのエピソードを父に話した。これは、すでに父と祝福家庭を築いていた母が、その男性との食事を終えて帰宅した際に父に話したものか、それとも、結婚前に経験した思い出話として父に語ったものか、その点はよくわからない。ともかくも、この話を聞いた父はこう言ったという。

「キスくらいしたんじゃないの?」

父から不貞(?)を疑われた母は、あろうことか逆ギレして父にこう言い返したそうだ。

「あなたがそう思うってことは、自分が同じ立場でもキスくらいはしただろうってことなんじゃないの? 許せない!」

父はこう言って嘆いていた。

「あの話は結局、〝パパにやましいところがある〟という話にすり替わってしまったんだよ」

統一教会では、祝福結婚に基づかない男女間の性愛関係が、「アダム・エバ問題」または「斜め問題」などと呼ばれ、一番の罪であると教えられている。だから父が母に邪推の気持ちを向けたのも理解できる。一方で、母の反論にも一理あると思ってしまう自分がいる。それは私が女性だからなのだろうか——。

離教して、統一教会に対する信仰に距離を置いた立場でこのエピソードを思い返すと、「この一件における一番の被害者は、母と食事に行ったその男性だったのではないか」と思えてしまう。彼はただ、統一教会信者による「伝道」の餌食にされ、期待を宙吊りにされたまま投げ出されてしまったのだから。

なお、この話には後日談がある。

昔の人にはありがちなことだが、この男性と母の間では、その後も顔を合わせることはないまやりとりが続いていた。結局、年に一度年賀状を取り交わす関係に落ち着いて、それから一〇年が過ぎた。

ただ、相手は夫婦喧嘩の原因になったエピソードに登場する人物であり、年賀状を書いたり受け取ったりするたびにちょっと憂鬱な気持ちになるのも考えものだった。そこで母は一計を案じ、あるとき、「立派な教えがたくさん書かれているので、ぜひご一読ください」と一筆添えて、ある冊子をその男性に送りつけた。「ファミリー」というタイトルの、統一教会の会報誌だ。

「そしたら、どうなったと思う? 次の年、年賀状がやっと来なくなったの!」

嬉しそうにそう話していた母の信仰心は、いったいどうなっていたのかと不思議に思う。いっときは真剣に「伝道」しようとしていた相手に、今度はむしろ「縁切り」のための切り札として会報誌を送りつけるとは。

世の中には「悪縁を切る神社」なるものも存在するらしいが、それも顔負けの効果が「ファミリー」にはあったということだ。

母が共産党員に！

父が呆れたもうひとつのエピソードは、一九九〇年代後半、実家が引っ越しをしようとした際に起きた騒動をめぐるものである。

それまで住んでいた賃貸アパートを引き払おうとしたとき、大家さんが法外な「クリーニング費用」を請求してきたということがあった。ひと頃までは、借り家から退去する際、物件の持ち主は、敷金を返さないばかりか、その敷金を充てても賄えないからという触れ込みで、「補修費用」を借り主に請求するといった風習が当然のように横行していた。

次第にそれが問題視されるようになり、現在では退去時に敷金が返却されることが普通になってきているが、当時は過渡期に当たっていたのだ。そこで母は、町の法律相談を請け負っている事務所のようなところに相談を持ちかけ、不当なクリーニング代の支払いを拒否した上で敷金も返してもらうべく、簡易裁判を委託することにした。

ところが、その法律相談所の正体は、統一教会にとっての天敵である共産党であったということが判明した。相手はもちろん、母が統一教会員であるとは知る由もない。「裁判を手伝う代わりに、一カ月でいいので共産党員になってほしい」と請われた母は、そこまでしてお金を取り返したかったのか、それとも親身に相談に乗ってくれた手前、正体がわかっても断れなかったのか、素直に共産党員になって帰ってきた。

ただ、私の親の世代が懸命に奮闘してきたのがなんのためだったのかといえば、共産主義勢力をそれ以上広げないためだったのである。その一員になるというのは、さすがに笑うに笑えない。父は生前に再三、「ママは統一原理をわかっていない」と嘆いていたが、「なるほど、こういうことか」と子どもの私にもわかった。母自身、父だけでなく、「777《スリーセブン》の先輩家庭にも叱られた」と言って相当気落ちしていた。

「777」とは、一九七〇年にソウルでおこなわれた七七七組（実際には七九〇組）の合同結婚式で祝福を受けた人々の通称だが、その家庭の男性は、「まさか共産党員になるなんて……。それじゃ、あなたはもう統一教会をやめたということなんだな！」と相当な立腹ぶりだったという。

敷金を取り戻す目的で、短期間だけ、共産党を「利用する」という意識でかたちばかり党員になった、というのならわからなくもない。しかしもしそうなら、その先輩家庭には黙ってこっそりやるべきだったのではないか。

悪びれもせず堂々とそのいきさつを明かしたのだとすれば、母はあまりにも無邪気だったということになる（ただ、私は母のこういった無邪気なところは裏表がなくて好感が持てると思っているし、私自身、多少この性格を引き継いでしまっているところはある）。

結果としては、共産党員になったおかげで、母は敷金の半額に当たる五万円は取り返すことができた。統一教会員でさえなければ、母は恩を感じてそのまま共産党に身を置きつづけたかもしれない。

なるほど、彼らはこういうかたちで「弱者」に寄り添いながら、党員を少しずつ増やしているのだな、と納得させられ、私にとっては大いに勉強になった。

第5章　離教後の葛藤と苦労

1　「痛み止めの代用品」としての『神との対話』

新鮮な考え方を知る

「世界日報事件」の内幕をはじめとして、日本への一時帰国中に父と母から聞いた昔話の数々は、私の中にある統一教会に対する信仰をいろいろな意味で相対化する上では、大きな役割を果たしたと思う。

ただ私は、ある日突然、統一教会の信者であることをやめたというよりは、先にも述べた通り、二〇〇四年から二〇〇六年にかけて「ゆるやかに離教」するという道筋を辿ったため、統一教会と名のつくものすべてにいきなり背を向けたわけではない。

「二世献身プロジェクト」の活動中に大きな挫折を経験し、モチベーションを失ってしまっていたことは事実だ。しかし二年目の献身活動に戻るのか、それともドロップアウトするのかもまだ決めかねていた。

二〇〇三年一月から続いていたその帰国中に、高校生時代まで韓国の同じ寄宿舎で過ごしていた祝福二世の同期仲間である男子と顔を合わせる機会があった。彼自身はS大には進学せず、別の進路を選んでいた。

私は彼に向かって、愚痴かたがた自分の煮え切らない思いを長々と語ってしまった。彼はそんな私にやや呆れながら、「S大に復学するしかないんじゃない?」と助言してくれた。

「二一世献身プロジェクトからは離脱するものの、統一教会系のS大学には籍を残す」というのは折衷案のようなものだったが、そのときの私にとってはそれが最も抵抗の少ない、穏当な選択肢であったと思う。

そんなわけで、同年三月の新学期には、私は二年生としてS大学に復学した。

その一方で、その同期仲間は、離教に向けての一歩を踏み出す大きなきっかけを私にもたらしてもいる。復学と相前後する時期に彼から借り受けた本、ニール・ドナルド・ウォルシュの『神との対話』がそれだ。

現在では世界三七カ国語で翻訳され、日本ではシリーズ累計で一〇〇万部以上を売り上げたベストセラーとなっている同書。統一教会が「カルト」なら、この本も一種の「カルト本」と言っていい。なにしろ、著者ウォルシュにある日突然「神様」が語りかけてきて、人生や魂、宇宙などについての問答をウォルシュとの間で繰り広げたというのだ。その問答を通じてウォルシュは、神様からの直接の説得を受け、キリスト教の古い信仰から解き放たれたとされている。伝統的なキリスト教から見れば冒瀆ともいえる一種の「危険思想」を扱った本だ。

決して万人にお勧めできる内容ではないが、少なくとも私は、この本から多大なる影響を受けた。ひとことで言ってしまえば、この本を読んだおかげで私は、統一教会の教えに固執する理由がないということに気づくことができたのだ。

彼が貸してくれた文庫本には、彼の父親が鉛筆で傍線を引いたり、疑問に思った箇所に「?」と書き込んだりした痕跡が残っていた。

当時はそれについて特になにも思わなかったが、よく考えてみるとそれは、統一教会一世であった彼の父親が、統一教会の教えとは相容れない考えを述べるこの本を、息子に勧められるまま読み進め、頭ごなしに否定するわけでもなく、とにかく読むだけは読んだということを意味している。その点に、今になって感慨深いものを感じる。

そのおかげで当時の私は、彼の父親がこの「問題本」のどこに引っかかりを覚え、あるいは逆にどの部分に共感したのかという補助情報を自然に参照しながら、この本を貫く考えにはじめて接することとなったのだった。

この本は全三巻からなり、その後、続刊も出ているのだが、第一巻の冒頭の十数ページを読んだだけで、私にとっては十分すぎるほどの示唆に満ち溢れていた。

もちろん、私はその後、自分でも同じ本を購入し、全編にわたって何度も読み直した上で離教を決めているわけで、最初の衝動に任せてすぐに離教したわけではない。だが、はじめて読んだときのインパクトに相当なものがあったことは否定できない。

『神との対話』には、たとえば、聖書の言葉よりも自分の感情や経験を大事にすべきだということが書かれている。そこからして、「自己否定、絶対服従！」と叫ばせる統一教会とは正反対だ。またこの本は、お金や時間、愛、食べ物、世界への同情など、「良いもの」が不足しているという意識こそが現在のような世界を作り上げている、との考えを開陳している。言い換えれば、「世界はすでに十分に充足している」という意識を持って行動すれば、今の世界を変えることもできるということだ。

この考えが、私には新鮮だった。

それまでの私の信仰は、たとえば「蕩減条件が足りない」といった、マイナスから出発する意識に裏打ちされ、その不足を埋めようとする気持ちを原動力としていた。そのため、「いつまでこれを続けなければならないのか」という疑問に常につきまとわれていた。

もしもウォルシュが言うように、「あらゆるものはすでに足りている」のだとしたら、償うべき罪もなく、よりよい未来のために現在を犠牲にする必要もないということになる。

大切なのは、自分に合うかどうか

この本で展開される主張の中で、とりわけ私の信仰心に動揺を与えたのは、「神は良し悪しを判断しない」とされるくだりだった。この考え方については、いったん立ち止まって咀嚼する時間が必要だった。

私は、「祝福を受けなければならない」とされる世界に生きてきた。一方で、外の世界から見れば、合同結婚式など、「邪教」や「カルト」のいかがわしい秘儀にしか見えないということも理解していた。統一教会に対するそうした批判が、単なる嫌悪感や拒否反応だけに根ざすものではなく、現実に生じうるさまざまな弊害を踏まえてのものだということもわかっていた。

私自身、このときにはすでに、女性の一世信者が、統一教会に対する信仰すら持っていない男性とマッチングされ、祝福を受けるというかたちで結婚させられるケースもあるということを知ってしまっていた。その現状を見てなお、「統一教会の授ける祝福は正しい」と思いつづけることには無理があった。

しかし、もしも『神との対話』で語られている通り、神が本当に良し悪しを判断せず、したがってなにが正しくてなにが間違っているのかという区分けそのものがそもそも存在しないのだとしたら？

一世信者の「お姉さん」が、「祝福二世」を育てるという信仰上の理由にすがって過酷な結婚生活を維持することも、一部の韓国人男性が、信仰がないにもかかわらず、「嫁がほしい」というだけの理由で統一教会の祝福結婚の仕組みを利用することも、神から見れば、良いか悪いかを判断する材料にはなりえないということになる。

もしそうなら、この私が仮に祝福を受けないという道を選び、その理由がどんなものであったとしても、どのみち神は良いとも悪いとも言わないのだから、そもそも天から咎められることを恐れる必要はないのではないか――。

かなり時間はかかったが、この点については次第に「本当にそうなのかもしれない」と思うようになった。

『神との対話』によれば、人間は自分が何者であるかを知るために生きているというより、自分が何者であるかを生まれる前から知っていて、それを思い出すために地上での生を送っているのだという。

そして、「～すべき」という概念は存在しない。それが存在するとすれば、人間の想像の中においてだけのことだ。（統一教会も含めて）世の中の多くの宗教が、「～すべき」という教えは神によって定められた規則なのだと主張しているが、そう教える人の方が間違っているのだとこの本は説く。

では、そんな間違った教えを信者に押しつける宗教は、加害者なのか。私たち信者は、だまされた被害者なのだろうか――。そんな疑問も湧いてくる。それに対して、この本に登場する神は、以下のように教え諭している。

「世界には犠牲者もなければ、悪人もいない。誰も、他者の選択の犠牲者ではない」

『『こんな目にあう』のは、何か、あるいは誰かのせいだと考えているかぎり、どうすることもできない。『わたしの責任だ』と言ったときはじめて、それを変えられる」
「自分がしていることを変える方が、他者がしていることを変えるよりずっと容易だ」
「間違っているからではなく、ほんとうの自分にふさわしくないからという理由で、変化させる努力をしなさい」

いくつかのきっかけから、統一教会の信者でありつづけることに対して私は疑問を抱きはじめていたのだが、この本を読むことで、少なくとも以下のことには得心がいった。——「統一教会が正しいか間違っているかを検証し、間違っているとわかれば離脱する」というプロセスは、必要ない。

間違っているかどうかではなく、自分にふさわしいかどうかが大事なのだ。なにを信じるかは、「自分に合うかどうか」で決めていい。たとえ統一教会側が、「あなたに合うか合わないかの問題ではない、絶対にこの道が正しいのだから離脱してはいけない」と言ってきたとしてもだ。

この『神との対話』という本は、このようにして、統一教会の教えから私を解放してくれた。それに盲従する必要もないし、離脱したければ離脱してもかまわないのだとこの本が思わせてくれたのだ。

それにしても、「神は良し悪しを判断しない」というのは、そもそも『創世記』で神がアダムとエバに食べることを禁じた、「善悪を知る木の実」に通じるものがある。人間が善悪を判断する知恵をつけると、正義を振りかざし、それを誰かに強制し、正義同士がぶつかって争いが起こる。それこそ地獄のはじまりとか、失楽園、堕落と呼ぶにふさわしい事態ではないか。

原罪を「性的行為」などとむずかしく解釈せず、そのまま受け取ればよかったのだ。

〝正しい〟も〝間違っている〟もない

それからしばらくの間、私の周囲にいる二世信者仲間の一部では、この本がちょっとしたブームになっていた。もちろん、この本を読んだすべての二世信者が離教を選んだわけではないが（正確には、そのうちの誰がその後離教したのか、あるいはしていないのかを、現在の私は把握できていない）、本の内容について彼らと語り合う機会はふんだんにあった。

たとえばある男の子は、この本の著者のウォルシュと同じような経験があるということまで証言しはじめた。統一教会では基本的に飲酒は禁じられているのだが、寂しさを紛らすためにお酒を飲んでいたら、神様が現れて一緒にお酒を飲んでくれたというのだ。

それには私もさすがに「ほんとかよ！」とツッコミを入れたくなったものの、同時に羨ましい「証《あかし》」であるとも思った。「証」とは、自らの「信仰的な体験」を語って他の信者と共有することを意味する。

二世献身プロジェクト中にも私はメンバーからさまざまな「証」を聞かされてきたが、そのほとんどは忘れてしまった。にもかかわらず、この男の子の「証」だけは、今でもよく覚えている。祈りの場にしかいない神様よりも、お酒につきあってくれる神様の方が素敵だし、包容力がある分、より「全知全能」の神様らしく感じられるではないか。

「二世献身プロジェクト」に参加した当時、統一教会内には、教祖である文鮮明氏の時代から三男・顕進《ヒョンジン》氏の時代へと移り変わる転換期が訪れているということに対する熱狂が存在していた。細かい文言は覚えていないが、「新しい二世圏」とか、「一世からの相続」といったキーワードがなにかと取り上げられていた。その転換期を担う世代としての使命感や正義感といったものに、私はただ踊らされていただけだったのではないか――。『神との対話』を読んだ私の中では、そんな思いが頭をもたげていた。

この本を読まなければ、くだんの男の子が語った「お酒を一緒に飲んでくれた神様」の話など、「低俗」だと見下して一笑に付していただろう。今まで低俗とみなして一顧だにしなかったような状況においても、神様と出会うことはできるらしい。いやむしろ、「そういう状況においてこそ出会える神様」というものが、どうやら存在するらしい。

そう思うと、私はそんな出会いの可能性にこそワクワクしてしまった。

献身は、もう十分にやったと思った。たしかにそこにも出会いはあったし、神様もいたと思う。だが、どうやら神様は統一教会にだけではなく、外の世界にもいる。

私は、離教した今でも、現役の統一教会信者たちの信仰を否定する気はない。一方、自らが離教しようというときに、「やはり、この道（統一教会）こそが正しいのかもしれない。ここを離脱したら不幸になるかもしれない」という恐れを感じて後ろ髪を引かれるようなこともなかった。

現役信者と元信者の両方が「正しい」という定理は、成立するのだ。厳密にいえば、「この世には〝正しい〟も〝間違っている〟もない」。ただ単に、そのあり方がその人自身にとって合うか合わないかの問題なのだ。

もしも献身を経験していなければ、「いや、統一教会にはまだまだ私には計り知れない神の秘密が隠されているのかもしれない。それを知らずに去ることはできない」と思ってしまっていた可能性が高い。

もしかしたら私の両親は、結果として私が離教を選ぶことに繋がってしまうくらいなら、いっそ献身などしないでおいてほしかったと思っていたかもしれない。それでも私は、献身をしたからこそ、信者としての二人のことを本当の意味で理解することができたと思っている。また、献身の体験を通じてこそ、自分自身が進むべき道を見出せたのだと思っている。

そうしたことを考え合わせると、私にはやはり、献身の経験は必要だったのだと今では思える。ところで現在の私は、「カルト」に身を置いていることは、「痛み」と「痛み止め」を同時に与えられているようなものだ、と分析している。「痛み」とは、その教団特有の厳しい規律・戒律や献金義務、そして外部からの迫害などのことだ。

そして「痛み止め」とは、信仰心を意味する。信仰心があれば、身を取り巻く厳しさにも耐えることができ、つらければつらいほど信仰の成就に近づけるというモチベーションを持つこともできるからだ。

ということは、当の「カルト」を離脱すれば、「痛み」がなくなるから、「痛み止め」も必要ではなくなるはずだ。だが、離教を経験した身から言わせてもらえば、離脱した後も、どうやら「痛み」はしばらく続いてしまうものらしい。

その「カルト」に身を置いていた頃の記憶自体がトラウマになっている場合もあるし、献金などを通じて、現実問題として借金が残っている場合もあるだろう。また、「元信者」となってからも、世間からは容赦なく拒絶されつづけたりする。

しかし、すでに当の「カルト」をやめてしまった身には、「痛み止め」は与えられない。そこで必要になるのは、「痛み止めの代用品」だ。時間をかけて統一教会を離脱していった私がその代用品として選んだものこそが、『神との対話』だったのではないかと思う。

その証拠に、完全に離教した今では、この本を読み返すことはほとんどなくなった。「痛み」がなくなったということだろう。

S大を中退

さて、『神との対話』との出会いで、統一教会信者としての信仰がぐらついている中ではあったものの、先述の通り、二〇〇三年三月には、私は韓国のS大学に復学し、二年次からの学業を再開した。

この年は、S大に在学している信者向けに前年の献身プロジェクト中の活動を「証」する会（「証」とは、前節で触れたように、自らの信仰的な体験を告白すること）に参加したり、二度にわたって日本の統一教会の会長を務めた徳野英治《とくのえいじ》氏が、まだ会長に就任する前にS大学でおこなった説教の、韓国語への通訳を担当したりしたと記憶している。

ちなみに徳野氏は、一度目の会長を務めていた二〇〇九年七月、統一教会員が霊感商法で逮捕されたことを受けて引責辞任したことでも知られている。

そのように、統一教会員としての表立った活動に依然として携わっていたところを見ると、この時点での私は、まだ「離教した」といえる状態ではなかったのだと思う。しかしその翌年には、私はかなりはっきりと離教を意識していた。二〇〇四年、私はS大学の三年次に在籍しながらも、教会の活動から距離を取るようになった。

並行して、日本へ帰国することについても思いを巡らせていた。「二世献身プロジェクト」で世界各国を回ったことで、私は自分が日本という国についてあまりにも知識が乏しすぎることを痛感させられてもいた。それについては、「二〇歳を過ぎた」ということも影響していたかもしれない。それまでは、自分の知識の乏しさを、未成年であることに帰していられたようなところがあったのだ。

加えて、学費の問題も私を悩ませていた。というか、これが最大の理由だ。

S大学の一～二年次は、返還不要の奨学金で通うことができたが、三年目からは学費が発生した。実家の財政状況はあいかわらずだったため、夏休みなどの長期休暇中は、日本に帰ってバイトで稼ぎ、学費の足しにしなければならなかった。

結局、三年次を終える頃には、そうしてバイトで貯めたお金も学費と生活費とで使い果たしていた。四年次に進むなら、もう一度休学して学費を稼ぐ必要があったが、そのときの私の頭にちらついていたのは、「休学」よりも「退学」という選択肢だった。

私は結局、三年次を終えた時点でS大学を中退した。そして二〇〇五年の頭に日本に帰国してからは、統一教会とは関係のない一般社会にいかに馴染んでいくかということが、私にとって最大の課題となった（統一教会からの私の離教は、その過程の中で「ゆるやかに」進んでいった）。

2　一般社会に馴染んでいく過程で見聞したいろいろ

一般社会のルール

日本に帰国後、さしあたってしばらくは非正規雇用の職場を転々としていたが、やがて、正社員を目指すなら、大学中退よりは大卒の方が印象がいいだろうと思うようになり、二六歳になる年に通信制の大学に編入した。そして六年かけて卒業するまでの間に、結婚や出産も経験するなど、さまざまな出来事や紆余曲折があった。

今では私も、統一教会の信仰を自分はすでに持っていないとしても、現役の信者の持つ信仰は自然に尊重するような立ち位置に落ち着いている。とはいえ、そうなるに至るまでの七、八年の間は、古巣である統一教会に対して、不自然なまでに攻撃的な態度を取ってしまっていたと思う。

しかしそれも、統一教会の抱える矛盾や害悪性を非難すると見せかけて、その実、心の奥底では、一般社会に自分のことを受け入れてもらいたいという焦りに追い立てられ、もがいていたにすぎないのではないかと今では思う。

私自身が統一教会のことを否定していようがいまいが、世間からは受け入れられるときもあれば、拒絶されるときもある。その二つは、実は別問題なのである。

また、一般社会に出ていくにあたっては、統一教会系の大学である「S大学」での学歴を履歴書に書かざるをえないことから、気おくれしたり怖気づいたりする局面もままあった。履歴書を書くたびに、いつもその同じ問題で頭を悩まされたのだ。

同じ職場で働く、営業トークがうまい同僚に向かって、誰かが「壺が売れそうだね」などと、統一教会の霊感商法を当てこすった冗談を言っている現場などに居合わせて、ヒヤリとしたり気が重くなったりしたこともたびたびある。

それに、統一教会内で経験したことは、教会から距離を置いた途端、誰かに話す機会もなくなってしまう。一般社会の中で起きる出来事の一つひとつは瑣末な事柄なのだが、そうした出来事に対する周囲の人々の反応を見ながら、「ああ、私はちょっと違う」と逐一違和感を覚えてしまう状況がいつまでも続くと、しんどくなってくる。

そうしたさまざまな葛藤を抱えながら、私は少しずつ、一般社会の中に居場所を見つけていった。だが、今でも社会にきちんと馴染めているかどうかというと、少々微妙なところもあると思っている。

その一方で、企業組織におけるルールには、実は統一教会と共通する部分も多く（たとえば、まずは上司の言う通りにやってみることなど)、統一教会での経験は、ひょっとしたら一般企業に勤務する上ではむしろ有利に働いているのではないかとさえ思うことがある。

ともあれ、一般社会に溶け込もうとする私の悪戦苦闘の中から、まずは二〇〇五年に日本で働きはじめてほどない頃の印象的な体験を紹介したいと思う。登録型の派遣アルバイトでたまたま紹介された、不動産業界の職場での体験である。

職場はブラック企業だったのか?

当時は、「ブラック企業」という言葉が流行するより前だったと記憶しているが、私が登録していた人材派遣会社は、今の言葉で言うなら限りなくそれに近い存在だったと思う。なにしろ私は、二つの職場に掛け持ちで派遣されていて、両方の勤務を合わせると「週休0日」だったのだから。

ひとつは「不動産会社本社での事務アシスタント」の仕事であり、平日フルタイムで週五日と、それだけで勤務時間としては十分なほどだったのだが、派遣会社はその上さらに、土日も、「分譲マンション販売のモデルルームでの顧客情報データ入力」の仕事に私を割り当てたのである。

ちなみに、派遣先の職場は両方ともたまたま不動産関係だったものの、別の会社である。つまり、競合する同業他社に私が同時に勤務するかたちになっていたわけで、その点にも問題があった気がするのだが、私自身にとってシビアだったのは、なんといっても休日が皆無である点だった。

もっとも私は、統一教会では、「二世献身プロジェクト」で年中無休の車中泊を経験している。だからこの異常な勤務形態にも幸か不幸か耐性があり、ある程度まではしのげてしまったのだが、やがてさすがに体力が続かなくなって、勤務時間中にトイレの床に座り込んでうたた寝してしまう始末となった。

その勤務形態を是正してもらうには、本来なら、派遣会社の営業担当に相談すべきだったと思う。いくら若くて経験が浅かったとはいえ、それくらいのことは自分で判断がつきそうなものだったのだが、私はそれをまず、平日フルタイムで勤務していた派遣先の上司に相談してしまった。なにかあれば現場の上司（統一教会で言うところの「アベル」。第3章参照）に相談するという癖が抜けていなかったのだろう。おかげで私の訴えは、「まあ若いんだし、せっかく派遣会社の営業さんに信用されたんだから、頑張ってみたら？」と軽くいなされてしまった。

最終的には、派遣元に相談することで週末のモデルルームの仕事は免除してもらえたのだが、どのみちどちらの職場にも、「ブラック」とまでは呼べないものの、「グレー」な要素はあった。たとえば平日フルタイムの職場では、個人情報保護法施行（二〇〇五年四月一日）を目前にして、購入名簿を合法的に使えるうちに名簿を買いまくり、不動産販売のダイレクトメールを駆け込みで濫発するという業務に就かされた。

派遣社員仲間の中には、職場のそうした強引な手法を疑問視する人もいたが、私は統一教会での活動を通じて「うしろめたい仕事」にもある程度慣れていたせいか、さして心のダメージを受けずに済んでいた。

当時は「コンプライアンス」とか「ワークライフバランス」といった言葉がようやく出はじめた頃で、実際の就労現場にはまだそういった意識が浸透していなかったということもあるが、私自身のコンプライアンス・センサーとでも呼ぶべきなにかが少し壊れていたということなのかもしれない。

いずれにしても、派遣先で下される業務命令に対しては、私は（統一教会ばりに）「絶対服従」

の姿勢で臨んでいたと思う。

途中で辞めてしまったモデルルームでの仕事でも、ブラック寄りの要素が普通に横行している様子を職場で見かけたのだが、それ以前に、この職場には、統一教会を出て外の社会で生きていく上でいろいろと勉強になることがあった。

特に、私が担当していた「顧客の状況ヒアリングシート」の入力業務は、対人接客を苦手とする私が、さまざまな人の人生模様をノンストレスで間接的に覗き見することができる、ある意味で「魅惑の仕事」だった。

入力する顧客情報には、年齢、勤務先、年収、家族構成、自己資金（貯金額）をはじめ、容姿を別にしたその人の「スペック」がすべて含まれていた。

最終的にマンション購入を見合わせた人たちの「未購入の理由」も、かなり参考になった。「家族の借金が発覚した」「親の援助をあてにしていたが見込み違いだった」など、（統一教会員だけでなく）俗世間の人々もわりと容易に「金銭的なピンチ」に陥るのだということがわかって興味深かった。

もちろん、売り込みを断るための単なる口実であった可能性もあるし、教会員の場合、財政的に逼迫するのは、際限なく呼びかけられる高額献金など、まったく別の理由によるものなのだが。

モデルルームでの出来事

モデルルームは立派な作りになっており、ドリンクも無料で、一見いつも繁盛していたのだが、図らずもそのカラクリの一端を目撃してしまったこともある。

あるとき、顧客としか思えないマダム風の女性が、バックヤードである事務所内に平然と入ってきてギョッとさせられた。その女性はそのままなに食わぬ顔で従業員用の更衣室に向かい、出てきたときにはモデルルーム販売員の制服を着ていて、髪型も変えていた。

「なんだ、社員だったのか」と納得したのも束の間、モデルルーム内のお客さんが少なくなってきたら、その女性は、男性マネージャーの指示に従って、「はいはい、サクラですね〜」と言いながら再び「マダム風」の出で立ちに戻り、こともなげにモデルルームの方に出ていった。

次に事務所に戻ってきた彼女は、こんなことを言っていた。

「ものすごく乗り気で商談に応じる姿を演じたら、隣のテーブルのお客さんもかなり前向きな姿勢を示しはじめました」

ただ頭数を増やして繁盛しているように見せかけるだけでなく、雰囲気を演出して、顧客を巧みに購入申し込みへと繋げる役目も担っているようだった。

加えて、そのモデルルームでは、顧客により高い物件を購入させようと誘導する手口にも際どいものがあった。

マンションの住戸は、坪数や、何階にあるかといったスペックに応じて、当然、価格にも差が出る。購入を検討している顧客の年収などはすでにわかっているため、その条件で最大限、組むことが可能な額のローンを提示しながら、本人が申し出ている予算よりも高い物件を購入させることも不可能ではない。その際、販売員らは、本来の希望価格の住戸はタッチの差で別の顧客が購入申し込みを済ませてしまったのだと平気で嘘をつき、一ランク上の価格帯の物件を勧めたりするのだ。

統一教会の「万物復帰」の現場では、住宅ローンを抱えている新興住宅地での寄付集めが一番困難だったということに第2章で軽く触れた。

実際、「理想のマイホーム」をどうにかして手に入れたばかりの人々の中には、寄付を求めても、「今は借金まみれで、アフリカの子どもを助けている余裕なんかないよ！」と不機嫌に怒鳴り出す人も少なくなかったことが思い出された。

不動産を購入する人が全員そうだとはもちろん言わない。だが、こうしたモデルルーム、あるいはモデルハウスなどで持ちかけられた巧みな営業トークでついその気になり、身の丈に合わないローンを組んでしまう人も中にはいるだろう。

そうして収入に照らして少し無理のある不動産を買ってしまい、返済のつらさに悩まされるような人は、こうして量産されるのか――。不動産の販売現場に立ち会いながら、そんなふうに妙に納得したことを記憶している。

なお、このモデルルームでは、「手付金」として顧客から徴収した一〇万円を、丸々、担当販売員にインセンティブとして支給していたようだ。中には、週末ごとに数件の申し込みを獲得し、驚くほどの収入を手にしていた販売員もいた。営業トークのうまい人には魅力のある職場だったと思う。

ただし、販売員（ほとんどは女性だった）の一人ひとりには、「お客様をだましている」という意識は希薄であるように見えた。むしろ、「当初の希望価格よりも高い価格の不動産を手に入れた方が、お客様の人生そのものの価値も増す上に、そこに暮らす家族の幸せも増すのだ」と見立てているような節さえあった。

そうしてより限界に近い額のローンを組んだ方が、その後、いっそう頑張って働こうという気持ちにもなるし、結果として奥様の笑顔も増える――。彼女たちは、なかば本気でそう考え、一種の使命感のもとに、顧客にとってはより無理のある「夢のマイホーム」を売ることに執心しているように見えた。

そうでなければ、あえて嘘をついてまでより高価格の、無理がかかるとわかっている物件を売りつけるなどということができるだろうか。本人たちにしてみれば、「ただ嘘をついているのではなく、お客様の人生の価値を高めるべく〝嘘をついて差し上げている〟のだ」という意識だったのかもしれない。

そうでなくても、「われわれは営利企業なんだから」というのは、彼女たちの常套句となっていた。「利益を出すことのなにが悪いのか」と言いたいときに、このセリフが出てきていたようだ。この常套句を統一教会風に言い換えるなら、「われわれは神のみ旨《むね》を実行しているんだから」としてしまって差し支えがなさそうだ。多少際どい営業方法であったとしても、「営利目的だから」支障がないともいえるし、「神のみ旨だから」咎められないともいえるということだ。

ある種の思考停止ワードである。

私が見た「夢のマイホーム」の販売現場は、「お客様の心からの幸せ」を願い、自分たちの営業によってこそそれが果たせるのだと信じているその様子も含めて、私の出身宗教でおこなっていた寄付集めなどの現場と大差がないように思えた。

働きながら大学で学ぶ

そんな調子で、私はいくらかブラックな横顔もある職場を非正規雇用のまま転々としていた。

二〇〇七年頃になると、正社員として雇用されることを意識して、やはり大学は卒業しておかなければならないと思い、社会人でも編入できるようなところを探しはじめた。

最初に問い合わせたところは、韓国の大学からの編入を認めておらず、一年次からのやり直しになってしまうとの回答だった。次に問い合わせた大学は、S大学での成績表を提出すると、三年次からの編入を認めてくれた。こうして私は、H大学の通信教育部の学生となった。

今思うと短絡的なのだが、専攻科目としては、「文学」や「歴史」ではあまり実にならなそうだという考えから、迷わず経済学系の学部を選択した。宗教という、目に見えない精神を重視する世界から一歩外に出てきて、俗世間に適応しなければという思いを過剰なまでに抱えていた時期だっただけに、「実利」を求める姿勢にこだわった結果だったのかもしれない。

それからは、働きながらレポートを提出する生活がはじまった。当初は、「ものすごく頑張れば二年で卒業できるのでは」と甘い期待をしていたものだが、課題となる専門書にはまるで歯が立たず、ストレートの卒業はすぐにあきらめた。

結果として、卒業までは六年かかった。なぜそれほど時間がかかったのか。すべて言い訳にはなってしまうものの、入学後に、「結婚、転職、出産、両親それぞれの発病と他界」というあらゆるライフタイムイベントが相次いで襲ってきたことが最大の理由だ。私はその大学を、入学時とは異なる苗字で卒業することになったわけだが、その間に変わったのは苗字だけではなかった。

それについては後述するとして、ここでは、通信制大学時代、スクーリングなどで印象的だった教授の講義などについていくつか語っておこうと思う。

二〇〇八年の夏休み期間中、私は派遣社員としての仕事をいったん辞めて、大学のスクーリングに集中的に出席した。

そのとき、ある経済学系の教授が、首相在任中に「聖域なき構造改革」をはじめとする数々の経済改革で鳴らした小泉純一郎氏を絶賛していたことをよく覚えている。

「日経平均株価が何月何日に七千いくらで底値を打ったが、その後、小泉首相の政策のおかげでこれだけ上昇した」といったことを、講義中に熱弁していた。株価や日付を正確に記憶しているところを見ると、始終株価の動向を追っているタイプの人と思しかった。

一方で、また別の経営学系の教授は、ちょうど同年六月に起きたばかりだった「秋葉原通り魔事件」にかこつけて、「あの犯人は『誰でもよかった』なんて言ってるけど、それじゃだめなんですよ、殺すなら、横須賀あたりを選挙区にしているあの政治家を狙わなきゃ！」と、具体名は出さないものの、小泉元首相をほとんど名指ししているとしか思えない言い方でその政策を批判していた。

同じ大学であれ、まるで正反対の考え方をする教授からそれぞれ講義を受けて、それぞれに対応するレポートを作成したりテストに取り組んだりするのには、ある種の器用さが求められる。統一教会内で、単一の思想に帰依する以外の選択肢を与えられてこなかった私には、これはなかなかハードルが高かった。

それにしても、「ポスト小泉」とも称されていた安倍晋三元首相は、二〇二二年に実際に銃撃され、命を落としてしまったわけで、今となっては、「秋葉原通り魔事件」にかこつけてなにか言うことなど、冗談でも許されないような状況になってしまった。

と書いた矢先に、先日、まさにその同じH大の別の教授が、「（安倍元首相の）暗殺が成功してよかった」と発言したと報じられて驚いている。大学というところは、一般的な感覚とは少し違う常識が成り立つ場なのかもしれない。まあ、一般的でない宗教出身の私に、それをジャッジする資格があるのかどうかはわからないが。

なお、「秋葉原通り魔事件」と「安倍元首相銃撃事件」は、よく比較される。実行犯が同世代で、非正規雇用という点も共通していたからだ。私も彼らと同世代だし、非正規雇用だったから、彼らの抱えていた内面のくすぶりも、理解できないではない。後者の実行犯男性に至っては、統一教会二世であるという点まで共通している。

ただし、私と彼らとの間には、性別の違いという決定的な壁がある。男性であるがゆえに、彼らが社会から受けたプレッシャーには、私には計り知れないものがあっただろう。その距離を乗り越えることなしには、彼らの心情を体感することはできないと思っている。

〝お金〟の学問はおもしろい

大学で私が最も興味を惹かれた科目は、財政学だった。その担当教授もどちらかというと「弱者救済」派で、政権与党の経済政策を厳しく批判するタイプだった。

財政学では、国の予算がいかに使われているか、そこにどんな無駄があり、不均衡があるかといったことを学んだ。税金の無駄遣いについては憤りを覚えたし、産婦人科に十分な予算が回されなかったことが産婦人科医不足に繋がっていることなど、私個人の利害に関わる問題には否応なく注意を引き寄せられた。

というのも、私はこの大学に在学中に妊娠と出産を経験しており、産院の予約を取るのに苦労したことなどがそこにオーバーラップしてきたからだ。それで私はますます、国の予算の使われ方に関心を持つようになった。

いっときは、大学院まで進んで財政学を極めようとまで、なかば本気で考えていた。それほどまでに、「税金の使われ方」に対して憤懣やるかたない思いに駆られていたのである。

財政学をめぐる私のその熱っぽさには、「二世献身プロジェクト」での経験が影を落としていたと思う。

世界各地を駆け巡り、寄付集め活動で私たちメンバーが集めたお金は、その後どうなったのか。お金を集める際の名目だった、「アフリカや北朝鮮の子どもたちを支える」という目的のために、一部でもそのお金が回されたのか――。

集めた寄付の使途に関して、統一教会は徹底して不透明だった。当時もそれに憤慨してはいた。だが、「宗教団体への献金」という性質もあって、末端信者はそのことに口を出せる立場にはなかった。

今回の私の立場は「一国民」であり、追及する対象も宗教団体ではなく民主主義国家なのだから、お金の使われ方について精査したり、不当な部分について指摘したりすることを通じて、この私にもなにかができるのではないかと一瞬、奮い立つものを感じたのだ。

ただ、そういうかたちで財政学にあまりにも入れ込みすぎたせいで、レポートをなかなか仕上げられなくなったばかりか、他の科目の勉強もおろそかになり、大学院どころか学部の卒業すら危うくなってしまったため、ようやく我に返った。

その時点で、私はすでに統一教会からはっきり離教したといえる状態に落ち着いていた。その上で抱いた疑問は、「自分が離教したのは、こういう研究に一生を捧げるためだったのか」ということだった。

もう誰かがけしかけてくる「正義感」に踊らされることなく、「俗世」を存分に楽しみたい――それこそが、私が統一教会に背を向けた最大の動機だったのではなかったか。そんなことにはたと気づいた私は、それ以上、財政学に深入りすることをやめた。

卒業論文のテーマに選んだのは、昔から好きだった某鉄道会社の「経営分析」だった。「売上高は、消費者からの〝投票〟結果である」というような結論に繋げたことを覚えている。

それは今思えば、統一教会でおこなった「万物復帰」（寄付集めが目的の物品販売）にも通じる考え方だと思う。万物復帰活動の肝は、寄付を募る相手に対して、活動内容の魅力をいかに伝えるか、そしてそれによって、「お客様」にいかに自分たちを寄付する対象として選んでもらい、結果として売上に結びつけるかという点にあった。

どんな事業においても（つまり、それが宗教団体の寄付集めであっても）、「目に見えないブランド力」や「顧客満足度」といったものが決め手になってくるということだ。

大学で経済や商売について学んだ結果わかったのは、結局、万物復帰においても、一般の企業活動においても、「営業ノウハウ」そのものには本質的な違いなどないのではないか、ということだったかもしれない。その結論は、非正規社員として働いていたいくつかの職場で垣間見た「営利活動」の際どさが、統一教会の寄付集め活動と似通っていると感じたこととも通じている。

だからと言って、統一教会がやってきたことをやみくもに弁護するつもりもない。だが、世間一般で思われているほどには、統一教会と一般社会の間には差がないのではないかと思えてならない。

3　私が統一教会を離教したのはいつだったのか

堕落と離教

さて、これまでなんとなく避けてきた問題に、ここらで向き合わなければならない。それは、「私が統一教会を離教したのはいつだったのか」という問題だ。

すでに何度か述べてきたように、「二〇〇四年から二〇〇六年頃にかけてゆるやかに離教した」ということは間違いなくいえる。実際それは、ある日を皮切りにすべてが劇的に変わるといった類の意識の変化を伴うものではなかった。

それにしても、「ここが境目」と呼べるようななんらかの明瞭な転機を、ひとつくらい具体的に明示できそうなものだ。

しかしそれについては案外、ひとことでは言い表すことができない。

実は、比較的最近まではこう思っていた。――離教した具体的なタイミングというのなら、〝堕落〟したあの瞬間以外になにがあるというのか。

ここでいう〝堕落〟とは、「統一教会の祝福結婚でマッチングされた相手ではない人との性交渉」を指す。そして私には、二〇〇六年、二四歳のときに、非教会員の「彼氏」ができた（現在この男性は、私の夫になっている）。その結果、私は〝堕落〟したので、その瞬間こそが後戻りできない明瞭な離教のタイミングだったと捉えていたわけだ。

だから、「いつ、どのタイミングで統一教会信者であることをやめたんですか？」と人から訊かれると、私はいつも、少しムッとしたような態度を取ってしまっていたかもしれない。「どうしてこの人に、〝彼氏との初エッチ〟について話さなければならないのか」と、プライバシーを侵害されたような気持ちになってしまったからだ。

しかし、〝堕落〟すればすなわち「離教」と考える私のこの捉え方は、どこかが歪んでいる。そう思うこと自体、「祝福結婚の相手以外の誰かと性交渉をすれば〝堕落〟する」という統一教会の教義に、依然として私が囚われていることを意味しているのではあるまいか――。

この本を書くにあたって、離教のタイミングという問題に正面から向き合ってみたとき、私ははじめてそのことに気づき、いささか愕然とさせられた。

統一教会では、恋愛が禁じられている。祝福二世の場合は、それに関する規定が特に厳格だ。それはひとえに、祝福二世が、「メシアたる文鮮明氏による血統転換を経て生まれてきた、原罪のない子」と位置づけられていることによる。

祝福結婚前に性交渉をおこなえば、祝福二世は祝福二世ではなくなると教えられてきた。また、結婚する相手も祝福二世でなければならないとされていた。その祝福結婚まで純潔を守らなければ、原罪のある「堕落人間」に逆戻りしてしまうのだ。私が「堕落＝離教」と捉えていたのは、その認識を前提としたものだった。

逆に祝福二世ではない場合は、仮に婚外交渉をしてしまったとしても、断食などの条件をクリアすれば、再び信者として受け入れられる場合もある。もしも私が、統一教会信者ではあっても祝福二世ではなかったなら、「離教」のタイミングと捉える行動も、〝堕落〟（性交渉）ではなかったかもしれない。

なお、ここは年代によって解釈が分かれるところなのだが、私自身が小中学生だった頃は、教会内で決められた結婚とは無関係におこなわれる性行為は、自殺や殺人よりも重い罪という位置づけだった。

それを思えば、私はずいぶん思い切ったことをやってのけたことになる。当時はそれなりの罪悪感も覚えていたはずだが、あまりに昔のことなので記憶はあやふやだ。

誰もが器用に恋愛しているわけではない

いずれにしても、そもそも統一教会のいう「原罪」を信じていなければ、「堕落人間」という概念も、「原罪のない子」という概念も成立しない。その意味では、「〝堕落〟すれば離教」と考えることこそが、「教義をまだ信じている証拠」となってしまう。

離教してからもう一七、八年は過ぎているはずの今なお、そんなマインドが自分の中に残っていたということは、私にとって衝撃だった。

ちなみに、性をめぐる統一教会の戒律も、その後ある程度緩和されたらしく、決められた結婚相手以外と交際して〝堕落〟してしまった二世信者に「恩赦」を与える仕組みもできたようだ。

また、祝福二世による祝福結婚に関して、「祝福二世同士」という縛りを設けると適切な相手が見つからないことが最近では増えてきたため、一世と二世をマッチングさせるケースも認められるようになったと聞いている。それを知ったときは心底驚いた。

どのみちそれは私が離教してからのことであり、私の時代には、「ひとたび〝堕落〟したら、もう元には戻れない」というのが、二世信者にとっての常識だった。そして私は、まるでそれを逆手に取るように、「だったら離教するには、〝堕落〟しさえすればいいのだ」と短絡的に考えるようになり、離教するに際してそれ以外の方法は思いつきすらしなかった。

これは、喩えるなら、「離婚するには不倫しなくてはいけない」と思い込んでいるのと同じくらいおかしな話だ。不倫していようがいまいが、離婚したかったらただ離婚すればいいのだから。もっとも、離婚には、「離婚届を提出する」というかたちで法的に離婚という事実をかたちにする別の手段がある。もしかしたら統一教会にも、「退会届」という書類上の離教の方法があるのかもしれないが、そのあたりがどうなっているかは、実は今もって把握していない。

ともあれ私は、祝福結婚でマッチングされた人以外の誰かと性行為をして〝堕落〟しないことには、統一教会をやめることができないと思い込んでいた。それで私は、二〇〇五年にS大学を中退して日本に帰国してから、危なっかしい感じでその相手となる男性を探しはじめた。

離教をたしかなものにすることが目的だったので、正直、仮に相手に恋人がいたとしても意に介さないというほどの気構えだった。

ただ、それまでは恋愛自体が一切禁じられる環境で過ごしてきて、恋愛に関してなんのスキルも持っていない私が、そうそう思うように相手を見つけられるわけもなかった。ただの遊び相手でもいいと思っていたのに、そういう相手すら見つからないのだ。

当時は、現役信者である両親とともに実家で暮らしていたこともあって、「性行為の相手」を探すこの作業は難航した。自分の「非モテ」ぶりを思い知らされ、このまま〝堕落〟もできず、彼氏も結婚もできないまま人生が終わるのではないかと危ぶんでいた。

今にして思えば、そういうかたちで「性行為の相手」を探しはじめた時点で、私は「離教」したと呼べる状態になっていたのかもしれない。だが、行為としての〝堕落〟が完遂していないかぎり、自分でそう思うことはできなかった。

その頃は本当に迷走し、ありとあらゆる空回りを繰り返していたと思う。

ブログで知り合った男性に、「会いたいです」という気持ちの悪いメッセージを送って「撃沈」したこともあれば、出会いを期待してオフ会に出席してみたところ、来ていたのが既婚者ばかりで落胆したこともあった。

当時の私の愛読書は、ドラマにもなって大ヒットした『電車男』だった。2ちゃんねるの掲示板から生まれたネット発の本だが、その中では、恋愛下手なオタク男性が、好きな女性に釣り合うように身なりを整えたり、デートの準備をしたりと、苦手なりに一所懸命、恋愛の成就に向けて奮闘している。

それを読んで私は、自分のような「宗教二世」ではない一般の人々も、みんながみんな器用に恋愛をこなしているわけではないのだと得心した。誰しも苦手意識を克服しながら、一歩一歩、改善していくしかないのだ。そう思えば、勇気も湧いてきた。

その甲斐もあってか、結果としては、帰国から一年が過ぎた頃、私はようやく「彼氏」を持つことができた。しかも、つきあいはじめて一年後には、早くも結婚の話が出ていた。

私自身は、「これで晴れて離教できた」という思いで気持ちもすっきりしていたのだが、彼と私の関係をめぐっては、普通では起こりえないさまざまな葛藤や悶着が相次いで生じることとなった。

その一端を、ここに書き記しておこうと思う。

映画がきっかけとなったカミングアウト

彼とつきあうことになり、職場の同僚のお姉さんたちにそのことを報告すると、彼女たちは口々にたくさんのアドバイスをしてくれた。ただしそれは、「最初のデートでどこそこに連れていくような男はダメ」とか、「年収は最低いくら以上でなければダメ」など、なぜか女性側が男性をジャッジするような内容に終始していた。

それはそれで一理あるのかもしれないと思いつつも、一方で私は、「そんな理由で交際を断ってもいいのか」と鼻白むような思いを抱かされてもいた。なにしろ統一教会信者は、幼少時から、「相手は選べない」という覚悟のもとに生きてきたのだから。

それよりも私にとって悩ましかったのは、自分が統一教会出身者であることを、いつどんなかたちで彼にカミングアウトすればいいのかという問題だった。

最近なら、「恋人ができたとき、自分の出身宗教のことを打ち明けるか、打ち明けないか」といった「宗教二世」向けのテーマをSNSで立てて、自らの身上は明かさないまま、当事者同士で意見を言い合ったり相談し合ったりすることも容易なようだ。しかし当時の私はほとんど一人で考え、どうするかを一人で決めていたと思う。

そういうことを相談できる二世信者の友人もいることはいた。それこそ、前述の『神との対話』を貸してくれた男の子である。だが、あるきっかけで彼には相談しづらくなってしまった。彼に対して、母がとんでもない邪推をしたからだ。彼が仲間を集めて統一教会の「分派」を作り、そこに加わるように私を勧誘しているのではないかと疑いはじめたのだ。

後から思えば、統一教会の教義について二世の友人らと話している中で、「教義のこの部分やあの部分に疑問を感じるという点で意見が一致した」といったことを、私が母にあけすけに話していたのがよくなかったのだろう。

その友人らの親（一世信者）に電話して抗議でもしかねないほどいきり立っている母を見て私は危機感を覚え、それからは母との会話の中でその友人たちの名前を出さなくなった。そして次第に、彼らとのつきあい自体、控えるようになっていった。くだんの男の子も、そのうちの一人だったのである。

私の言動が原因で彼らにあらぬ疑いの目が向けられるのは、望ましくなかった。それに加えて、統一教会から着々と離脱しつつあった私の影響を受けて、彼らまでもが〝堕落〟への道を歩み進めることになるのを避けたいという思いもあったかもしれない。

そんなわけで、私は結局、彼氏にいつどういうかたちで出身宗教のことを打ち明けるべきか誰にも相談できないまま、一人で悩んでいた。とはいえ、さいわい思ったよりは早い段階でその機会を捉えることができた。二回目くらいのデートのときのことだ。

ただしそれは、成り行きといっていい経緯によるものだった。

そのとき二人で観に行った映画が、たまたま『ダ・ヴィンチ・コード』だったのだ。トム・ハンクス主演の、キリスト教の謎に迫るミステリーである。

まさに宗教が主題だ。

カミングアウトの好機は、映画観賞後、お互いの感想を言い合った際に訪れた。

この物語は、観る者が新約聖書についての知識をある程度持っていることを前提としており、その知識が覆されるところにおもしろみがある。彼は原作小説を読んでいたので、そのあたりについてもそれなりに詳しかったが、私は原作を読んでいないにもかかわらず、前提となるその知識を持っていた。

「なんでそんなに詳しいの?」と疑問を呈された瞬間、私はすかさずこう答えた。

「実は、実家がキリスト教系の新興宗教に入信してるんだよね」

そんな調子で、話を切り出しやすい流れを奇跡的に作ることができたのだ。

あまり詳しく語ると映画のネタバレになってしまうので最小限に留めておくが、たとえば私は、「マグダラのマリアが、実はイエスの妻だったという説もあったよね」などと合いの手を入れていたのだ。標準的な日本人女子は、まずそんなことを口にしないだろう。

打ち明けるきっかけが早い段階で見つかったことは、幸運だったと思う。しかも彼は、それを知っても拒否反応を示したりはせず、意外にも理解を示そうとしてくれた。それは、彼自身が経験した苦い思い出に根ざす態度だったようだ。

彼は高校生のとき、創価大学に進学するという友人に対して、「あそこは創価学会っていうやべぇ宗教と関係の深い大学だからやめた方がいい」と無造作に言ってしまったことがあるという。するとその友人に、「いや、うちはまさにその宗教の信徒なんだよ」と返され、非常に気まずい思いをしたそうだ。

彼はその経験を通じて、現在は「宗教二世」と総称されている人々――信者である親の影響下で、選択の余地もなくなんらかの新興宗教の信者になってしまっている人々が存在することを知っていたのである。

私は、その見ず知らずの創価学会出身の彼の友人に感謝せずにはいられなかった。

彼の家にあった雑巾

さて、その彼氏の家にちょくちょく遊びに行くようになった私は、そこで明らかに見覚えのあるものを見つけ、いたく驚いた。それがなぜそこにあるのかが、咄嗟には理解できなかったからだ。

それは、「二世献身プロジェクト」の日本での活動中、メンバーの一部が振り分けられていた慈善団体「S会」が販売する雑巾にしか見えなかった。十中八九そうだろうと思いつつ、一応、本人に確認してみたところ、彼はその雑巾の由来について丁寧に説明しはじめた。

「ああ、この雑巾はある慈善団体が売っていたもので、売上はアフリカの子どもたちへの寄付になるんだって。しかも、製品は障害者の雇用支援にもなっていて……」

そんな彼を前にして、私は申し訳ない気持ちになった。偶然にも彼はS会による訪問販売の対象となり、きちんと説明を聞いた上で雑巾を買ってくれていたのだ。

統一教会の教えに照らせば、そのことによって彼は、雑巾の単価である三〇〇〇円分の「蕩減条件を立てた」、すなわち、その分だけ「救い」に近づいたのだということになる。笑うに笑えない話だった。

当時はまだ結婚の話は出ていなかったが、仮にこの人と結婚することになったら、私が責任を持ってその人生を、たとえ三〇〇〇円分だけでも幸せなものにしなくてはと思った。なお、この逸話を最近になってTwitterで披露したところ、統一教会の現役信者で、なおかつS会での活動経験もある人が非常に喜んでくれた。

かつては、二世信者が統一教会を脱会して非信者の一般人と結婚などしようものなら、「裏切り者」扱いされるか、そうでなくても悲しまれるかのどちらかと相場が決まっていたものだ。しかしこの人の反応を見ると、統一教会内の空気もだいぶ変わってきたのではないかと思えてならなかった。

その人は、怒りや悲しみをあらわにするどころか、「旦那さんは（蕩減）条件を積んでいたんですね！」と統一教会特有の喜び方で快哉《かいさい》を叫んでくれた。それで私もなんだか積年のわだかまりが解けたような気持ちになり、嬉しかった。

余談ながら、そのときのTwitterでのやりとりを通じて、私はもうひとつの喜ばしい事実を知らせてもらった。S会が集めた寄付金で、無事、モザンビークに学校が建設されたというのだ。彼の家でくだんの雑巾を見つけてからすでに一七年ほどが経過しているが、「あのとき寄付した三〇〇〇円は、ちゃんと学校を建てることに役立てられたみたいだよ」と彼にも一七年越しに報告しておいた。

そんな彼とつきあいはじめて半年、一緒に暮らそうという話が持ち上がった。それでまずは私の母に、「結婚を前提にしている」という触れ込みで、彼を紹介することになった。

彼との交際をはじめたことは、すでに母には知らせてあったのだが、そのときは、事態を受け止め切れなかった母に二カ月ほど無視される流れとなり、険悪なムードを解消するのにだいぶ苦労させられた。

すべて片がついた今だからこうしてさらりと書けるが、母がようやく口をきいてくれるようになってからもなお、泣き喚く母と怒鳴り散らす私との間ではたびたび衝突があり、相当な消耗を強いられたのだ。

それでもやがて母は折れてくれて、彼と私と三人で顔を合わせることをどうにか承諾してくれた。約束した店ではじめて彼を前にした母が開口一番呟いたのは、「阿部寛……」のひとことだった。顔の系統が似ていると思ったらしい。それ以降は特に彼を褒めるような言葉も続かなかったものの、彼が大人の対応をしてくれたおかげで、ひとまず緊張感はほぐれた。

問題は父だった。父には気むずかしいところがあったので、正直、どういう切り口で彼のことを紹介すればいいのかが私にはわからずにいた。

母によると、私に彼氏ができたことを母から報告された父は、しばらくの間、無言で身をこわばらせた挙句、「聞かなかったことにする」とこの話を切り捨てたらしい。望ましくない現実からひとまず目を背けて済まそうとした父の意外な小心者ぶりがおかしくて、私は思わず吹き出してしまった。

彼氏は彼氏で、何をどこまでわかった上でのことだったのか、一般論のようなことを口にしてその場を取り繕おうとした。

「娘さんに結婚前提の彼氏ができたら、そりゃあお父さんは誰でもショックを受けます。認めていただけるように僕も頑張りますから」

――いや、そういう問題ではないのだ。父がこの現実に直面できずにいるのは、そこに「純潔」とか「祝福」とか「原罪」など、統一教会の教義に基づくさまざまな概念が否応なくまといついてくるからなのだ。

母と私は目と目を合わせて互いに微妙な面持ちを浮かべたものの、問題の核心がどこにあるのか、彼にうまく説明することは、母にも私にもできなかった。

私たちの交際に完全に賛成しているわけではない母に対しては心苦しいものを感じながらも、父への説明と面談のアポ取りは、母に一任せざるをえなかった。母は、「彼が祝福二世だったらなんの文句もないのに……」とそっと私に呟いてから家に帰っていった。

ちなみに母のこの呟きは、母自身が他界するまで、ことあるごとに何度となく繰り返されることになる。

その後ほどなくして、私と彼は連れ立って実家に挨拶に赴いた。こうなったらもう、勘当覚悟で臨むしかないという心持ちだった。ところが父は意外なことに、彼と二言三言、世間話を交わした段階で突然、「合格!」と宣言した。

私と母は、唖然として目を見合わせた。

それ以降、父は彼氏と楽しそうに野球の話をしていた。

思えば、前年には姉が韓国人の二世信者と結婚をしていた。祝福結婚であったため、そういう意味では父も婿に不満を持つ理由がなかっただろうが、日本語が通じないのが父にとっては唯一の難点だった。

将来、義理の息子になる彼氏とは、男同士で日本語での会話を楽しめて、父は嬉しそうだった。わが家には娘しかいなかったので、息子のような存在ができることは、父にとっても喜ばしかったのかもしれない。

彼氏に「合格」の認定を与えたことについては、後日、父本人から理由を聞かされた。その理由は、「カトリックの七〇年の信仰が統一教会の七年路程（信仰期間）として認められた実績が存在するので、ゆくゆくはあなたにも恩赦が云々」といった内容で、私にはこじつけにしか思えなかったのだが、父が許してくれるのなら理由はなんでもよかった。

父としては、私と彼との関係を「原理的」にもありえることなのだと自分に言い聞かせて納得する必要があったのだろう。

母も、「お父さんがそう言うなら」と渋々了承する方向に向かってはいたものの、心の底からは納得していなかった。

そして結婚へ

その後、いよいよ挙式という流れになったのだが、その段階で、私の側には式に呼べる友人などはほとんどいないという問題点に気づいた。しかしそこは彼が配慮してくれて、沖縄で式を挙げる「リゾート婚」という形態に落ち着いた。そうすれば、両家とも、家族数人しか呼ばなくても不自然ではなくなるからだ（私の父のルーツである沖縄を挙式の舞台に選び、そこに両親を招待したことも、せめてもの親孝行のつもりであった）。

こうして、元統一教会二世信者の私も、無事に「一般結婚」に行き着くことができた。ただ、そこに至るまでの間には、私自身、少しヒヤリとさせられるようないきさつもあった。

プロポーズを受けた翌日くらいのことだったと記憶しているが、彼から不意にこう言われたのだ。

「もうそろそろ、〝うちの教会〟って言うのはやめてくれない？」

自覚していなかったのだが、私は彼と話している間に「統一教会」に言及する必要があるときは、その瞬間までずっと、「うちの教会」と言っていたのである。

彼と恋人としてつきあいはじめて、統一教会の教義に基づく〝堕落〟を経験した時点で、「これでようやく、統一教会の信者をやめることができた」と私本人はすっかり安心し切っていた。だが、その後も無意識に「うちの教会」と呼びつづけていたとは、どういうことなのか――。

その時点で、「私はもう統一教会の信者ではない」という意識に揺るぎはなかった。あえて教義に背いたのは、それだけの覚悟があってしたことだったからだ。彼はそんなことなど知る由もなかっただろうが、それはそれでよかった。離教することについて悩むのは私の問題であり、私と一緒になって彼にも深刻に考えてほしかったというわけでもない。

ただ、「うちの教会」と言いつづける私は、彼の目には「まだ離教できていないのではないか」と見えていたのかもしれない。私にとって、自分がすでに離教しているという事実は自明のものであり、彼にもそれはわかってもらえているものと思っていた。しかし実はそうとも限らなかったということだ。それを思うと、彼に対して申し訳ない気持ちになった。

私が統一教会に対して示す「離教」と、彼に対して示す「離教」とは、同じものではなかったのだ。

自分が「うちの教会」という言い方を改めずにいた理由は、考えてみればなんとなくはわかった。たぶん、「統一教会」という固有名詞を口に出して言いたくなかったのだと思う。それについては、実は今でも少しいやだったりする。現在は、「古巣」という便利な言い方に行き当たり、もっぱらそれを使っている。

さて、そろそろ結論を出そう。「私が離教したタイミングは、いつだったのか」――その問いに答えるなら、こうなるだろう。

私の中では、〝堕落〟を果たした瞬間かもしれない。夫にとっては、私が「うちの教会」と言わなくなった瞬間かもしれない。しかし、脱会の手続きをしたわけでもなく、「統一教会の被害者」を名乗るわけでもない私は、世間から見れば、今現在もなお、「統一教会の信者」なのかもしれない。

もちろん、私自身の意識としては、私はもはや「統一教会の信者」ではない。しかし、他人がどう思うかまでは、私には変えようがない。そのあたりは、口で言うほど単純に割り切れる問題ではないのだ。

第6章　統一教会式でおこなった父母の葬儀

1　母の「昇華式」と霊界からの協助

くも膜下出血で倒れた母

〈はじめに〉でも述べた通り、二〇一一年は、私にとってはかつてないほど立て込んだ一年となった。東日本大震災もさることながら、五月に第一子出産、七月に母が、一一月には父が他界するなど、人生の節目となるような出来事に立て続けに見舞われたからだ。

その時点で私は、統一教会を「離教した」という自己認識をはっきり持ってからすでに五年ほどが経過していた。日頃は教団やその関係者との接点も（両親や姉を除けば）持たない暮らしを続けていたが、現役信者であった母、そして父の葬儀をめぐっては、再び「古巣」と関わることを余儀なくされた。

以下では、その顚末を記しておきたい。それは、かつて信者であった自分と現在の自分とを照らし合わせ、統一教会という教団が自分に対して持つ意味を今一度見つめ直す最良の機会となる経験だった。

ことの発端は、二〇一一年七月某日、隣の市に住む父からかかってきた一本の電話だった。

「お母さん、倒れたよ。くも膜下出血。もってあと四日」

にわかには信じられなかった。母とは、当日の朝に電話で話したばかりだったからだ。取るものも取りあえず駆けつけたが、その頃の私は、はじめての出産から二カ月、授乳とおむつ替えで連続三時間以上は眠れない日々が続いていたので、体はフラフラだった。外に連れ出す機会もまだ乏しかった生後二カ月の娘を連れ、母が搬送された病院を目指して電車で急ぐ間に、祝福結婚をして韓国で暮らす姉にメールで連絡した。

母は、集中治療室のようなところに運ばれていた。

父と一緒に担当医から説明を聞いたところ、もはや手術で救命が望める状態ではなく、心臓が止まるまで待つしか手はないとのことだった。呼吸器を装着されて横たわる母のかたわらで茫然としていると、「びっくりしましたよね」と看護師が声をかけてくれた。

くも膜下出血は、それまで元気だった人が突然発症する病気だといわれている。だから、家族など周囲の人はほぼ例外なく驚かされる。彼女は当然、そのことを踏まえてそう言ってくれたのだろう。多くの現場を見てきたに違いない彼女からの自然な声かけに、取り残されたような自分の気持ちを少しだけ落ち着かせることができた。

母親が助からないと知ってこんなことを思うのは残酷かもしれないが、正直なところをいえば、私はかえって安堵していた。なまじ助かっても、障害が残り、要介護の状態になってしまうかもしれない。そんな状態で長く生きながらえることだけは避けられるのだと、この時点ではっきりしていた。

もちろん、母の介護で私が苦労することにならずに済んで助かったという思いも、なかったと言えば嘘になるが、それだけではない。

「おばあちゃんになりたくない。コロッと死にたい」

母はことあるごとにそう口にしていた。それは、「若く見られたい」ということとも違ってお り、「歳を取ってまで生きたくない」という気持ちに近かったと思う。

母はまだ六三歳だったが、本人からすれば「もう六三歳」だったのかもしれない。

自分の伯父さんの奥さんが、椅子に座ったまま心臓麻痺で急死して、同じ家にいた伯父さんにも死んだことをしばらく気づかれていなかったという話をしながら、そんな死に方を「羨ましい!」と言っていたような人だ。それに母は、ひと頃から、「最近、何を勉強しても興味を惹くものがなくなってしまった」などとぼやくようになっていた。

母は長年、放送大学であれこれと勉強していた。統一教会で、学歴の低さが理由で役職に就けずに悔しい思いをしたことがそもそものきっかけで、当初は遅ればせながら大卒の資格を手に入れたいと思ってはじめたことだった。途中からは、そうして勉強すること自体が趣味になっていた。

その趣味にももう見切りがついてきた、と話していた矢先のくも膜下出血――。母は無意識レベルで、「この人生はもう十分」という境地に達していたのではないだろうか。だとすれば、今こうして命を絶やすことも、本望だったのかもしれない。

もちろんそれは、「そうであってほしい」という私の主観にすぎなかったかもしれないが、死にゆく母のかたわらで私が思っていたのは、「夢って叶うんだな。思考って実現するんだな」ということだった。悲しいというよりは、そうして母が若いうちの死を実現させたという事実に圧倒されていたのだ。

敬意を掻き立てた父の祈り

翌日の昼過ぎ、母は息を引き取った。白衣の医師による、ドラマで観るような死亡診断などがひと通り終わり、病室に私たち家族だけが残されると、父は亡くなったばかりの母の頭上に右手を掲げ、おもむろに祈禱をはじめた。

「天の父よ、今あなたの娘がこの地上での歩みをまっとうし、神の御前へと旅立ちました……」

父の祈りは、数分間続いた。母が亡くなる前からこのときが来るのを予期して準備していたのか、それとも咄嗟のアドリブだったのか。朗々と、ある意味では淡々と、しかし徐々に感情を込めて、父は祈りの言葉を続けた。

母の入信、横浜やニューヨークでの歩み、アメリカでの大きな大会を成功させたこと、私たち姉妹二人を育て上げたこと、つい最近、数週間という短い期間ではあるが、再びアメリカへ宣教に赴いたことなどが、その中で語られた。統一教会の祈りを耳にするのは久しぶりだった。それは、統一教会内での呼び方に倣《なら》うなら、「代表祈禱」と呼ばれるものだった。複数の信者を前にして、誰か一人が代表として祈禱を捧げることをそう呼ぶのだ。

離教した身としては少々不本意ながら、こういう状況で代表祈禱を咄嗟に体裁よくこなせる父には、素直に敬意を感じた。若い頃から場数をこなしてきた経験の賜物《たまもの》だろう。

ふと、並んで立っている夫の動向が気になった。統一教会とは無縁な人生を歩んできた人から見れば、尻込みさせられる光景かもしれないと危ぶんでいた。だが、彼はただ私に倣って両手を組み、目を瞑《みは》っているだけだった。

臨終というのは最も宗教が必要とされる場のひとつであり、どんな宗教であれ、それに対して拒絶反応を示す方がむずかしいのかもしれない。

代表祈禱の最後は、他のキリスト教の宗派と同じく、居合わせた全員で「アーメン」と唱和するのが統一教会の習わしだと私は思っていた。だから、父の祈禱が終わるときに私は「アーメン」と言ったのだが、父の口から漏れたのはなぜか「アージュ」という音だった。

おそらく、統一教会では、そういう場ではいつからか「アーメン」ではなく「アージュ」と言うようになっていたのだと思う。そして「アージュ」とは、「とても、すごく」という意味の韓国語の副詞〝아주《アジュ》〟だろうと推察された。

本当のところはどうなのか私は知らないし、事実確認もしていないのだが、私が離教した後にそういう変更があったのなら、あらかじめ言っておいてほしかったとは思った。もっとも、母の死は突然のことで、父にもそんな余裕はなかったのだろうが。

母の遺体とともに、病院の霊安室に向かうエレベーターに乗った際、母に死化粧を施してくれた業者（たぶん、どこかの葬儀社）の男性に、葬儀業者がすでに決まっているかどうか確認された。男性は細身の長身で、どことなく目がギラギラしていた。偏見かもしれないが、この職に就くまでの間に、（裏社会も含めて）数々の修羅場を潜り抜けてきたような妙な凄みがあった。

母の死亡については（統一教会の）所属教会とすでに連絡を取り合っており、葬儀業者もそこに紹介してもらうつもりだったので、「はい」と答えつつ、信仰している宗教がある旨を告げると、彼は仏頂面になって黙り込んでしまった。

その業者に頼んだらぼったくられていたと決めつけるわけでもないのだが、これは、「家に信仰があってよかった」と思えた数少ない出来事のひとつだ（よくよく考えてみれば、今まで世間にぼったくりをしてきた統一教会信者が、外部の葬儀屋のぼったくりに怯えるのも失礼な話ではある）。

母の遺体を両親の自宅である県営団地に運び込むと、統一教会系の葬儀業者のスタッフが来た。

もちろんその人自身、統一教会の信者である。肌の色艶がよくて、いつもニコニコしている大柄な男性だった。名前はうろ覚えなので、仮にSさんと呼んでおく。

このSさんには、四カ月後、父の葬儀でも大変お世話になるのだが、とにかくあらゆる手配をテキパキとこなし、料金の説明も明瞭で、その上、葬儀当日の司会も担当してくれた。

この会社は、統一教会系の葬儀社であることは伏せた上で業務を執りおこなっていた。そのため、たまたま葬儀に参列した、統一教会の信者ではない人から後日、指名を受けることもあるらしく、仏式の葬儀も対応可能であるとのことだった。

たしかに、仮に誰かから相談を受けたら、宗教とは無関係に紹介したくなるほど、彼の仕事ぶりは際立っていた。

そうして実家にSさんを請じ入れているさなかに、団地の上の階に住んでいる世帯のお母さんが、心配して様子を見に来てくれた。その様子から察するに、母が倒れたということをすでに知っていたようだが、訃報を聞いて言葉を失っていた。そして父に向かって、「無理しないでくださいね」と優しい声をかけてくれた。

小学生のお子さんがいる家庭であり、そのお母さんは当時、四〇代くらいだったのではないかと思う。選挙の際に公明党を応援していたので、創価学会の家庭なのだろうとこちらは一方的に見当をつけていた。私の両親が統一教会であることは、その時点での彼女は知らなかったようだ。

葬儀の場で身に着ける白い正装

後日、その上の階のお母さんは、母の遺骨に手を合わせに来てくれた際、部屋に飾られていた文鮮明氏夫妻の写真を見て察したようで、父に向かって「おたくはうちとどこか似ていると思っていたんですよ」と言っていたらしい。

もちろん、創価学会の人が誰しも統一教会に対して「似ている」と感じるわけではないだろう。二〇二二年、安倍元首相銃撃事件以降に統一教会関連の報道が加熱していたさなか、創価学会の二世か三世の人が、「親は〝うちの宗教はあんな邪教とは違う〟と言っている」といった内容の発言をSNSに書き込んでいるのを複数回見かけたことからも、それはわかる。

もしかしたら、宗教とは関係なく、私の両親に、円満な近所づきあいができていたというだけのことだったのかもしれない。私の両親は、公明党を応援しているからといって上の階のお母さんを邪険には扱わなかったし、彼女は私の両親に対して親近感を抱いていた。双方がなんらかの信仰を持っていたことが、この場合はたまたま良好に作用したのだと思う。

さて、統一教会では、葬儀に当たる儀式は「昇華式」（現在は「聖和式」と改称）というのだが、これには、男性信者は通常の黒い喪服（略礼服）に白ネクタイ、女性信者は白い正装で出席するという決まりになっていた。ちなみに信者でない参列者は、仏式の葬儀のような黒い喪服やネクタイでかまわないとされていた。

葬式に白い服や白いネクタイというのは、日本社会の一般的な慣習から見ればかなり驚かれるだろう。これは、「霊界」へ旅立つことはある意味で「祝うべき再出発」であるという考えに基づくものだと聞いている。それに加えて、ある時期までの韓国では、女性が葬儀で白いチマチョゴリを着ていたこととも関係があるかもしれない。

一九九〇年代後半、私がソウルで暮らしていた中高生時代には、葬儀の席でお婆さんたちが実際に白いチマチョゴリを身に着けている姿を、偶然何度か見かけたことがある。それから四半世紀が過ぎているので、現在は事情が違っているかもしれない。

余談ながら、当時の韓国では、棺を霊柩車ではなく、観光バスの下部のトランクに入れて運んでいるのを目撃して、かなりのカルチャーショックを受けたことを覚えている。何はともあれ、女性用の白い正装を用意しなければならなかった。私は、母の葬儀のために帰国した姉と連れ立ち、お互いの配偶者も引き連れて、それを手に入れるための買い物に出かけた。

喪服と違って決まったデザインもないし、そもそも白ずくめというのは点数も限られているため、選ぶのに苦労した。姉とあれこれ意見を戦わせながらそれを見繕ったときのことは、母の葬儀のためであったにもかかわらず、不思議と高揚感の伴う出来事として記憶されている。

私の夫と姉の夫は、日本人の非統一教会信者と、韓国人の現役二世信者というプロフィールの違いがあったし、言葉も通じなかったが、年齢が近いことに助けられてか、それなりにコミュニケーションが取れていたようだ。

「妻の長い買い物」につきあわされて辟易するという経験は、国も言語も宗教も超えて共有できるものなのかもしれない。

焼香のせいで長引いた「昇華式」

母の昇華式には、四〇～五〇人は参列したのではないかと思う。母方の親族には、伯母や従兄の家族など統一教会信者が多いのだが、実は私が「一般結婚」をして子どもまで産んでいることは、このときはじめて彼らの知るところとなった。母は私の動向については、統一教会内はおろか、親族である彼らにも明かしていなかったのだ。

まだ小学生くらいの従兄の娘たちが、事情を知らずに「かわいい！」と言いながら、私が連れている赤ちゃんに駆け寄ってきた。

その場に参列していた、直接の面識はない教会員も、「次女については何も訊かないでほしい」と生前の母に言い含められていたことを、私に申し訳なさそうに打ち明けてきた。その人は、なんとなく事情は察したものの、あえて深くは尋ねなかったとのことだった。

こう書くと、統一教会内では、二世信者による「一般結婚」がどれだけ忌避されているのかと思われるかもしれない。だが、みな、この事態にどう対応していいのかがわからなかっただけ、と言った方が正確だと思う。

この頃は、私のようなケースは前例がなかった。あるいは、実際にはあったとしても、大っぴらにはされないので、ないも同じだった。最近では、もう少し事情が違ってきているかもしれない。

母の昇華式で最も印象的だったのは、献花のくだりだ。参列者全員が、祭壇に白い花を手向けるのである。統一教会の作法としてはその献花だけで十分なのだが、祭壇の脇には仏教式の焼香台も設置されていた。信者以外の一般の参列者を想定したものだった。彼らは、献花のみでは恰好がつかないと感じるかもしれなかったからだ。

ところが、参列者のほとんどは統一教会信者であったにもかかわらず、なぜか誰もが献花と同時にお焼香までやっていた。銘々が抹香をつまんで念じ、仏式の合掌をしていくものだから、献花の時間が大幅に長引いてしまった。

葬儀業者のSさんが、「世界基督教統一神霊協会の信者のみなさまは、お焼香を省略いただいてけっこうです」と何度か注意喚起したのだが、誰も省略しなかった。葬儀の進行を司るSさんは、困った顔をしていた。

統一教会は、まだ歴史の浅い宗教である。独自の流儀で葬儀を執りおこなった回数自体がそれほど多くなく、参列者自身がそれに慣れていなかった可能性もある。そうでなくても、遺体の前でお香が焚かれているのにそれを無視して素通りすることは、統一教会信者である以前に、日本人として耐えがたかったのかもしれない。それはなんとなくほほえましい光景だった。

葬儀の間ずっと、車で移動する際には、父は私の夫を隣に座らせつづけていた。統一教会信者ばかりが集まっている中で、非信者の彼が浮かないように気を遣ってくれたのかもしれないし、本当にそれなりに頼りにしてくれていたのかもしれない。

一方、姉と一緒に韓国から来て参列していた兄夫《ヒョンブ》（韓国語で「姉の夫」を意味する親族呼称）は、「自分には日本語ができないから、お義父さんを支えることができず申し訳ない」と何度も口にしていた。

彼は英語は得意だったので、ニューヨークで五年間暮らした経験のある母とは英語でなんの問題もなく会話できていたものの、父と話す際には、姉や私による通訳を介してのやりとりになってしまうため、その点に恐縮しているようだった。

しかしそんなこんなで母の葬儀も無事に終わり、姉夫婦は韓国へと帰っていった。

「古巣」の変貌

それからしばらくすると、私の実家には、少しばかり神がかりと言いたくなるような経緯で、まとまった額のお金が入ることになった。

母は亡くなる一カ月前に、ある生命保険に新たに加入していた。父の持病である心臓病が再発し、手術などもしたことから、老後の資金が心配になって追加したものだった。これを仮に「保険A」と呼ぼう。しかしその分、現在の家計が圧迫される心配も当然あったため、結果としては、もともと加入していた別の生命保険（保険B）を解約する成り行きとなった。

母が亡くなったのは七月中旬、保険Aに加入したのは六月、そして保険Bを解約したのは七月の月初だった。保険Bからは当然、お金が降りないものと思って私たちは残念がっていたのだが、保険会社に連絡してみると、解約連絡のタイミングの問題で、七月末日までは契約が有効であることがわかった。

つまり、加入して間もなかった保険Aからも、解約したつもりになっていた保険Bからも、結果としては死亡保険金を受け取ることができたのだ。

父は「なんだか万馬券みたいだね」と言いながら唖然としていたが、統一教会信者としてはむしろ、「霊界からの協助《きょうじょ》だね」とでも言うべきところだっただろう（「協助」は「働きかけ」といった程度の意味）。

姉の方は、この降って湧いたようにして手に入った大金を、文字通り「神の配剤」と思いなしたらしく、一部を残して統一教会への献金に回すと言い出した。その額は一〇〇〇万円以上だ。しかもお金は日本にあるので、すでに韓国に戻っていた姉は、妹である私に手続きを頼んできた。

私はもう信者ではないので正直いやだったのだが、しぶしぶ日本の献金窓口に電話をすると、驚いたことに「その献金は本当にしても大丈夫ですか。考え直してください」と突っぱねられたのだ。

どうやら、統一教会員が「霊感商法」で逮捕されたという二〇〇九年以降、教会では「コンプライアンス宣言」なるものを実施し、信者が簡単には献金できない仕組みを構築していたらしい。あんなにお金にがめつかった「古巣」の変貌ぶりには、まったく頭が追いつかなかった。だが、「これ幸い」と姉に連絡し、「考え直せだって。もうやめようよ」と言った。

しかし姉の決意は変わらなかった。そもそもの保険金の受取人である父は「どっちでもいい」という態度で、こちらの味方にはなってくれなさそうだ。一方の私も、母の死という「身内の不幸」を経験したばかりであることには変わりがなかったので、宗教的なものにお金を捧げることに対するハードルは下がっている状態だった。

不本意ながら、翌日また献金窓口に電話し、献金する旨をあらためて告げた。

電話口の信者女性は、「教会に献金の重要性を説かれても、無理だけはしないように」と私に忠告めいたことを言った。そもそも韓国にいる姉に代わって連絡しているだけの元信者にそんなこと言われても……と思いつつ、言われた手順に沿って献金を済ませた。

ところがその直後、他界してからはじめて、母が私の夢の中に現れて、「献金なんかしなくてよかったのに」と呆れた口調で言った。母は私の方の味方だったのだ。悔しがる私からそれを聞いた父は、「お母さんらしいね」と笑っていた。

2　統一教会の大物を呼んだ父の「聖和式」

教会に居場所を見つけた父

母の葬儀が終わると、父はそれまであまり顔を出していなかった所属教会に頻繁に通うようになった。

これにはいきさつがある。

母の葬儀の際、所属教会の教会長が紹介した統一教会員としての母の経歴は、父からすればあまりにもあっさりしたものだった。そのことに父が不服を述べたところ、「教会にあまり顔を出さない人のことは詳しく知りようがない」と逆に反論されたというのだ。

母もあまりまめに教会に足を運ぶタイプではなかったが、それ以上に教会から遠ざかっていた父はさすがに恥じ入ったらしく、それ以降はなるべく顔を出すようになったわけだ。

ただ、その教会長から見れば、父はだいぶ先輩である。世代は上なのに役職に就いているわけでもない父のような信者が毎週のように顔を出すと、教会長としてはかえってやりづらいのではないかと心配される面もあった。

ところが、そうして何度か教会に通ううちに、父が実は、日本の統一教会の会長を経験したこともある超大物・徳野英治氏の「霊の親」であるということが、教会メンバーの間に知れ渡るようになった。「霊の親」とは、その信者を統一教会に入信させた人物のことだ。

父が自分で言ったのか、事情を知っている第三者から漏れたのかは不明だが、その事実は教会内で注目の的となり、それまで、後輩信者から見ればどう扱ったらいいのかわからない厄介な年配者でしかなかった父は、一躍、英雄扱いされるようになった。

徳野氏は、統一教会とは無関係な人でもどこかで名前を目にしたことくらいはありそうなほど名のある人である。そう言うと、その「霊の親」である私の父はよほどものすごい人物なのではないかと思われるかもしれないが、そんなことはまったくない。

時は一九七〇年代、まだ二〇代の父が、北陸で資金集めのための物販に勤しんでいる頃の話だ。父が韓国舞踊の日本公演のチケットを訪問販売していたとき、ある家でたまたま玄関口に現れたのが、当時は高校生だった徳野氏だった。

そのときの父には徳野氏を「伝道」するつもりなどまったくなかったのだが、人生で挫折を経験して、偶然にも独学でキリスト教を勉強していた徳野氏は、この出会いを通じて統一教会に強く惹かれ、後日、自ら統一教会の門を叩いたという。

そんなこんなで、血気に逸《はや》る若い徳野氏を持て余した当時の地方教会の責任者が、彼が入信する最初のきっかけを作った父を便宜上、「霊の親」だということにしただけの話だと私は聞いている。

しかも徳野氏本人によると、父から購入したチケットで観に行った韓国舞踊の公演会場で受付スタッフをしていた女性信者が「あまりに美しかった」ため、しばらくはその女性の「霊の子」(「霊の親」の反対で、「伝道」された方の立場を指す)を自称していたほどだったという。高校生男子らしい、かわいらしいエピソードだ。

ちなみに、そのときの「美しい」受付スタッフであった女性信者の娘さんは、「二世献身プロジェクト」で私が一緒に活動していた先輩であり、彼女もなるほどきれいな人ではあった。

ともあれ、徳野氏の「霊の親」として教会内で俄然もてはやされた父は、それに気をよくして、「お世話になっているから」と一〇万円規模の献金を差し出してしまい、統一教会側から「あと××万円で○○献金摂理の目標額達成です」などとけしかけられてまたその気になったりしていた(「摂理」はこの場合、「プロジェクト」程度の意味)。

私は、「そういうのにいちいち応じていたらキリがないから」と何度か止めに入らなければならなかった。

父が死の直前に願っていたこと

母を亡くして落ち込んでいた父が、今さらながら教会の中に居場所を見つけられたこと自体はありがたかったのだが、心配な面もいろいろあった。

父の持病である心臓病が再発してしまったことも、私の頭を悩ませる大きな問題となっていた。財政上の不安もあった。父は（母もそうだったが）国民年金に関しては免除申請ばかりしていてほとんど払い込みをしておらず、受給できる立場になっても、月に二万円程度にしかならなかった。当時すでに、六五歳まで給付開始を延期することもできたが、いくらも増えないため、父も母も六〇歳から受給をはじめていた。

いずれにしても、父については、私が自分の収入からある程度扶養しなければならなくなるのは必至だった。母は保険金のほかに貯金もいくらか残していたが、それも父にとっては大事な生活費だった。だから、父が気前よく献金などしないように、私が見張っている必要もあった。

そんな中、九月には父の心臓病再発に伴う二度目の手術があり、母の納骨式もあった。母の遺骨は、群馬県にある統一教会系の霊園の納骨堂に埋葬された。納骨式にも、所属教会から数名が顔を出してくれた。

その納骨式の後、父は少し気が抜けたような状態に陥っていた。そういう父からは目が離せなかったが、父の面倒を見るのは、私にはとても気が重いことだった。統一教会に対して私は素直になれなかったし、父が信者としての思い出話ばかりするのにうんざりしている面もあった。

そこに追い討ちをかけるように、警備員として働いた父の給与が数カ月分、未払いになっているというトラブルが発生した。

最終的には、弁護士を通じて給与の七、八割は確保できた上に、独立起業した仲間に再雇用される見通しが立つなど、話はうまくまとまったものの、なにごとにつけ先行き不透明な中、この悶着が私にとって大きなストレスになっていたことは否定できない。

結果としては、この年の一一月、三度目の心臓手術の間に、急性心筋梗塞で父は他界した。

そのほんの数日前、父は一日だけ、警備員の仕事に復帰していた。そのとき一緒だった同僚の人と、父の他界後に書類の受け渡しで私が会った際、その日の父が「やたらと寒そうにしていた」と聞いた。体調がすぐれないのに、仕事に出ていたらしかった。金銭をめぐって私が過度なプレッシャーをかけてしまっていたのだろうかと悔やまれた。

同僚の人からそのとき受け取った書類は、不払いだった給与が無事に振り込まれることに決まったと伝える内容のものだったのだが、そこに書かれた「支払い対象者」の人数の部分に、「死亡労働者1名」とカッコ書きされているのを見て、切ない気持ちになった。

話は前後するが、父が結果として死亡した手術に立ち会ったのは、私一人だった。

私は、この手術がそれほどまでにリスクの高いものだとは認識していなかった。もしかしたら、母は知っていたのかもしれない。死亡時も、医師からあれこれと説明は受けたが、それで父が戻ってくるわけでもないので、正直、あまり熱心に聞く気にはなれなかった。

父の死には実感を持てないまま、私はまず夫に報告し、韓国にいる姉にも報告した。所属教会にも連絡した。そして、父にとって「霊の子」である超大物の徳野氏にも、恐る恐る連絡した。誰もが驚いていた。

夫や所属教会関係者が駆けつけるのを待つ間、私は病室で父の遺体を見守っていたのだが、母が他界したときに父がやってみせたような立派な臨終の祈禱を捧げることもできず、信仰を失った己の無力さに打ちひしがれていた。

実は、手術室に入る直前、父はあることを私に言い残していた。

もともと文章を書くことが好きだった父は、統一教会についてもなにかを書きたいという意欲を持っていた。そのことは前から知っていたのだが、このとき父は、「やっぱり書きたいことがあるから、この手術が済んだら知り合いのライターに相談してみる」と言っていたのだ。私は、「うん、いいんじゃない?」と答えたような気がする。

統一教会についてなにかを書くことについては、以前に一度だけ、父がぼそっとこんなことをあきらめたように言っていたことを覚えている。

「教会のことを言っても、世間の人はみんな〝霊感商法〟のイメージしか持っていないから、まともに話を聞いてくれないんだよね」

現役信者であった父の苦悩は、「誰も自分たちの話を聞こうとしない」という点にあったのではないかと思う。その「聞いてくれない話」を、父は死ぬ前になんとかして文章として残しておきたかったのではないか——。

結局、娘である私も含めて、その話を誰もまともに聞かないうちに、父はこの世からいなくなってしまった。父も母と同じく、享年六三だった。

思わぬ「指令」に右往左往する日々

それからは慌ただしくなった。今度は父抜きで、あの「昇華式」をもう一度やらなければならないのだ。

一時保育に預けていた娘を迎えに行ったり、病室にあった父の荷物を病院のスタッフと一緒に片づけたりしている中、病院内で合流した夫に、突然こう言われた。

「葬儀の名称が、今度から〝昇華式〟じゃなくて〝聖和式〟になったそうだよ」

私はうろたえた。なぜ、統一教会の信者でない夫が、私すら知らないそんなことを知っているのか――。

実は夫は、いつの間にか父の携帯電話を引き継ぎ、母の昇華式の際にお世話になった統一教会系の葬儀社のSさんとの間ですでにやりとりをはじめていたのだ。

父の携帯電話をそのまま葬儀関係の連絡用に使うというのはたしかに名案だと思ったものの、葬儀に向けての段取りをこなしていくうちに、夫がどんどん統一教会の内部事情に詳しくなっていくことにはいささか当惑させられた。世間から「異端」だの「邪教」だのとあげつらわれている団体の行事に、無関係な夫を巻き込んでしまうようで心苦しかったのだ。

新たに「聖和式」と名が改められた統一教会式の葬儀に、今度は限りなく喪主に近い立場で私は関わることになった。本当の喪主は、長女であり、現役信者である姉なのだが、姉が韓国からこちらに来られる算段がつくまでは、非信者ながら私がその名代を務めるよりほかになかった。

母の葬儀の際、父があれこれと手配するのを間近で見ていたはずなのに、いざ自分がやろうとするとそうたやすくはことが運ばなかった。

まず、お通夜に当たる「帰還式」では、父の「証」（信仰的な思い出話）を、当日の告別式に当たる「聖和式」では「代表祈禱」を、誰かに依頼しなければならなかった。それについては、姉の日本帰国を待たず、私が手配を進めておかなければ間に合わなさそうだった。

「帰還式」の「証」については、無理を承知で統一教会元会長の徳野氏にお願いしてみることにした。一応、父にとっては「霊の子」という位置づけにある人でもあるからだ。

すると思いがけず「うん、いいよ」と快諾してもらえたので、勢いに乗じて聖和式の「代表祈禱」もお願いしたら、なんとそちらもあっさりOKが出た。

私の恐れ知らずなお願いにも徳野氏は快く応じてくれはしたのだが、その代わり、ひとつだけ条件が出された。立派な聖和式になるよう、「最低一〇〇人」は参列させるようにと念を押されたのだ。それは、私の耳には「指令」に聞こえた。

無理なお願いを聞いてもらってしまった手前、「できません」とは言えなかったものの、統一教会内で三〇年も干されていた「不良信者」の父の葬儀に、それだけの数の参列者が集まるとはとても思えなかった。

まったく経験のない「動員呼びかけ命令」に応じるべく、私は半べそをかきながら父のあらゆる知り合いに電話をかけまくった。こんなことなら、現役信者時代にこういった「伝道活動」もきちんと経験しておくべきだったとまで思ったくらいだ。

のちに聞いたところによると、徳野元会長は当然のごとく普段はかなり多忙な人なのだが、父の帰還式と聖和式の両日はたまたま予定が入っていなかったらしい。運がよかったと思う。

夫が着けた白いネクタイ

徳野氏が「証」と「代表祈禱」を請け負ってくれることになったと所属教会に伝えたところ、かなり喜んでくれた。特に教会長の喜びようといったら、尋常ではなかった。さすが、会長経験者の列席はインパクトが絶大だと感じた。

母が亡くなってからの四カ月、「干された大先輩の不良信者」という、扱いに困る存在であった父の面倒をしっかりと見てくれた彼らに対して、それなりに恩返しができたような気持ちになれた。

その一方で、葬儀社のSさんからは、少し気持ちが暗くなるような知らせがもたらされた。母の昇華式の際に使用した斎場が使えなくなってしまったため、少々値の張る別の斎場に切り替えざるをえなくなったという。

「もしかして、出禁《できん》ですか?」と私が訊ねると、Sさんは「うん、まあ……はい」と曖昧な返事をよこした。

そういえば、母の昇華式のときに使った斎場の入り口には、弥勒菩薩像のようなものが置かれていた。真相はわからないながら、やはり、参列する男性の白いネクタイや女性の「白い正装」が忌まわしい印象を与え、忌避されてしまったのだろうか。

仕方がない。「拒絶」には慣れている——。

もはや信者ではないながら、信者側の立場で葬儀を取り仕切る人間として、私は心にそう呟いて受け流した。

また、葬儀の際に夫が、周囲の統一教会信者たちの中で変に浮かないようにと配慮して、白いネクタイを着けることについて、義父が難色を示すという一幕もあった。母の昇華式の際にも夫はそうしてくれていて、そのときは義父もなにもいわなかったのだが、後から思えば、最初は驚きと当惑のあまり、異論を差し挟む余裕もなかったのかもしれない。

それに今回、夫は、関係各所への連絡をはじめ、実にこまめに立ち働いてくれていた。そのおかげで、どんどん統一教会内事情に詳しくなってもいた。そんな様子を見て、義父は「息子も〝あちら側〟に取り込まれてしまうのではないか」という危機感を抱いたのかもしれない。

そういう義父に対する配慮から、夫は式の間は黒いネクタイを着用していたものの、参列者一同での記念撮影の際には、わざわざ白いネクタイに着け替えたりしていた。

そんな夫の様子を見ていた所属教会の教会長は、夫に向かって「一般の人になったり教会員になったり、大変ですね」と冗談を言った。ほかの信者の人たちも笑って同意を示した。

統一教会の信者は、世間から基本的には忌み嫌われている。だから彼らは、一般社会が関わるあらゆる場面で、信者であることを隠すのが日常になってしまっている。それだけに、彼らは夫の一連の行動に逆に親近感を抱いたのではないかと思う。義父が白いネクタイの着用を彼に禁じたのは、その意味ではむしろ逆効果だったのかもしれない。

DVDに残った「聖和式」の様子

父は比較的初期からの信者だったため、文鮮明教祖夫妻と一緒に写った写真や、文氏直筆のサインなども所有していた。葬儀社のSさんからの勧めもあって、会場の入り口には、信者の人たちが喜びそうなそうした写真などを集めたアルバムを置いた。昔の教会活動がわかるような白黒写真もたくさんあり、信者の人たちには好評だった。

結局、徳野元会長の「指令」内容は果たせず、一〇〇人以上の参列者を集めることは叶わなかったが、五〇～六〇人だったか、会場が寂しくならない程度には人が来ていたと思う。

ひとつだけ残念だったのは、父の後輩が用意した、父にまつわる「証」を、教会メンバーが式の間に読み上げてくれるというくだりで、事前に原稿を読ませてもらったときにはたしかにあったはずのある一文だけ、読み上げてもらえなかったことだ。

そこには、こんな一文があったはずだった。――「教会を去ったメンバーとも頻繁に会って心情交流するような優しい人でした」。

ここでいわれている「教会を去ったメンバー」には、娘である私自身も含まれるので、そこを飛ばされたことはけっこう悲しかったのだ。もっとも、それは徳野氏という統一教会内の大物を呼んだ代償だったのかもしれない。徳野氏がそれを指示したというより、運営側が過剰に気を遺った部分は大いにあっただろう。

そして、この両日にわたる父の葬儀の様子は撮影され、父の葬儀だからというより、その中で徳野元会長の「証」や「代表祈禱」が聞けるからという理由で、ＤＶＤとして残った。信者の人たちは、「今日、来れなかった人にも観てもらおう！」と意気込んでいた。徳野氏というのはそんなにすごい人だったのか、と私は遅ればせながら冷や汗をかいた。

ＤＶＤは、さすがに観返す気力は絞り出せそうになかったので、現役信者である姉に韓国まで持ち帰ってもらった。

帰還式での徳野氏の「証」は、多くの人の笑いを誘う楽しいものだった。その内容は、徳野氏自身が父によって統一教会に「伝道」されたときのエピソードを中心とするものだった。先に述べた通り、父が北陸で韓国舞踊公演のチケットを売っていた際に、当時高校生だった徳野氏がたまたま玄関先で応じたというものだ。

その中で、私にとって特に印象的だったのは、彼の家を訪ねてきた父の目が「あまりにもキラキラと輝いていた」というくだりだった。徳野氏は、父のその目に吸い込まれるような気持ちになり、後日、近くの統一教会施設を自ら訪れて入信したのだという。

私はこの話を聞いて、自分が「二世献身プロジェクト」中にイギリスでの戸別訪問による寄付集めの際、訪問した家の男性から受け取った「ラブレター」のことを思い出した（第3章参照）。彼もまた、私の目について、「キラキラしている」と形容してはいなかったか。

神様のために働いていると信じて懸命になっている人の目は、見る人によってはどうやら魅力的に輝いて見えるらしい。

翌日の聖和式での代表祈禱は、徳野氏にとっては会長経験者としての腕の見せどころといったところで、信者の人の多くが涙を流していた。

私は、父が他界した直後に臨終の祈禱を父に捧げることができなかったけれど、こうして聖和式の場で、日本の統一教会の食口《シック》（メンバー）なら誰もが尊崇する徳野氏に祈禱をしてもらえたことで、ようやく胸のつかえが取れた気がした。

3　統一教会系の霊園と「無宗教」の私

遺骨は統一教会系の霊園へ

両親の遺骨は、群馬県にある統一教会系の霊園に埋葬されている。そして私は、両親が他界してからほぼ毎年、そこに墓参りに行っている。行かなかったのは、それこそ新型コロナウイルスが猛威を振るって世の中全体が自粛ムードに包まれていた二〇二〇年くらいだったと思う。

父も母も、祖父母の墓参りに子どもを連れていくことにはあまり熱心なタイプではなかったので、毎年の墓参りは、私にとっては今もって新鮮なイベントである。

一般社会の常識としてそういう習慣をもともと持っていた夫に感化されてのことだが、元信者である私が、統一教会の信者だったことがない夫に引っ張られるようにして、毎年、統一教会系の霊園に墓参りしているというのは、思えば不思議な構図だ。

この霊園にはじめて来たときは、思いのほか小ぢんまりとしている印象を受けた。周囲は畑で囲まれており、芝生がよく手入れされていて、全体に明るい雰囲気である。前方には石造の舞台のようなものが設《しつら》えられており、そこには「家庭連合」のロゴと旧統一教会のロゴ、そして日本と韓国の国旗、計四種類の旗が風になびいている。ここで歌を披露するようなイベントが開催されている様子を、写真では見たことがある。

ところでこの群馬県の霊園では、毎年、統一教会の式典が執りおこなわれていたのだが、二〇二二年に統一教会批判の報道が加熱した際には、開催場所を変更していたと聞く。私たち一家は、もともとその式典とは無関係に、家族だけでこっそり墓参りに行くのが通例となっていたため、直接の影響はなかったものの、世間全体の雰囲気が雰囲気だっただけに、今年は控えておくべきなのだろうかと一瞬考えた。

しかし、夫が「関係ない」と一蹴してくれたので、この年も私たちは例年通り、霊園での墓参りをおこなうことができた。こういうとき、よくも悪くも統一教会に特別な思い入れのない夫のフラットな態度には救われた気持ちになる。

バッシング報道が加熱すると、まるで統一教会信者以外の人は全員が「反統一教会」であるかのように感じられてしまうものだ。

私も、信仰を捨てた人間であるだけに、現役信者からは無条件に「反対派」のように思われてしまいがちなのに、かつては信仰を持っていたことから、そうした報道を目にすると、まるで自分が批判されているようにつらくなってしまう。

そうすると、世間一般からも現役信者からも拒絶されている感じがして、しばらくは自分だけが孤立したように感じていた。

私は統一教会の信者であることをやめはしたものの、「反対派」に回ったわけではない。それに、もう信者ではないのだから、統一教会に対して批判的な報道に過敏に反応したり、それによって傷ついたりする必要も本来はないはずなのだ。

夫と同じように、「関係ない」という態度を貫き、あくまで自分の両親に対する肉親としての敬意を果たすために、毎年、この霊園に参拝しつづければいいのだ。——そう思うことにしよう、と今のところは考えている。

無宗教になった私

ともあれ、私はこうして、母と父の葬儀を相次いで統一教会式でおこない、その遺骨を統一教会系の霊園に納骨した。

その経験を通じて、私は自分が「正真正銘の無宗教」になったことを悟り、自分の葬儀や埋葬をどうすべきかという点については、きちんと子どもに伝えておかなければと思うようになった。

統一教会式の葬儀であの世に送られた私の両親には、当然のことながら、仏教式の戒名は授けられていない。

実は、両親の遺骨を納めた群馬県の統一教会系の霊園は、私が現在住んでいるところからは遠くて墓参りには若干不便であることもあり、もっと近場に納骨場所を変更できないか検討してみたことがある。

その際、「宗派は問いません」と明記しているある納骨堂が候補に上がってきたのだが、よく見ると、「戒名がついていることが条件」とされていた。「問わない」のはあくまで「宗派」であって、「宗教」ではなかったのだ。

両親は現役信者として統一教会の信仰をまっとうしたのだから、場所はともかくとして、統一教会系の霊園に遺骨を納めればそれで問題はない。しかし、私自身はどうなるのだろうか。戒名をつけてもらう気持ちには、正直、まったくなれない。最終的にどうするかは、ゆくゆく考えていかなければならないと思っている。

それでも、両親を出身宗教の流儀に基づく葬儀で送り出したことを通じて、私にとってはいい発見もたくさんあった。

なにより、所属教会にそれほど頻繁に顔を出していたわけではない父や母のために、たくさんの教会メンバーが集まって葬儀をまっとうしてくれたことについては、感謝の念に堪えない。「都会の葬式は寂しい」といった言葉もよく聞くが、なんらかの宗教団体に所属していれば、少なくともその問題は解決するということがよくわかった。

宗教——特に、統一教会のように「カルト」と呼ばれることもある新興宗教団体に属していると、「あんなふうに群れたくない」と外部から批判されることもある。だが、「生前、群れていた」ということは、この世から旅立つ際も、その同じ群れの中で世話をしてもらえるということを意味している。

統一教会に関しては、離脱することをめぐって私自身、さまざまな葛藤を経験している。両親の葬儀に関しては、そういう団体が関わる葬儀ということで微妙なところもあったものの、結果として悔いを残さずにやり遂げることができたという点を見るかぎりは、それなりにメリットがあったのではないかと今は思う。

両親の葬儀を納得できるかたちで執りおこなえたかどうかということは、自分の人生に満足できるかどうかをめぐる、けっこう大事なポイントのひとつだと思うのだ。

ただ、「葬儀が寂しくないことが、宗教団体に所属していることのメリット」と書いておいて手のひらを返すようだが、私自身はそのメリットを享受することなく、おそらく今後もずっと無宗教のままで過ごすのだろうと思っている。

こんなことをいうと引かれるかもしれないが、よくも悪くも、統一教会以上に愛着を持てる宗教が、私の目の前に現れるとは思えないのだ。それこそが、私が今後も無宗教でありつづける最大の理由かもしれない。

両親の葬儀を通じて考えさせられたことは、もうひとつある。それは、「祈ること」についてだ。私はもはや、祈る習慣を持っていない。それについては、失ってしまったことを少し残念に思う瞬間もある。

統一教会を飛び出したばかりの頃は、「祈りになんて意味はなかった」とふてくされていた時期もあった。現役時代、時にはまっすぐに、時には心に葛藤を抱えながら懸命に祈っていたことを、恥ずかしくていたたまれないと感じていたこともあった。

しかし、現役信者の人々の助けを借りながら、統一教会式の葬儀で両親をきちんと送り出したことで、かつての自分が真摯に祈りを捧げていたことを後悔することはなくなった。

両親の死について書くことはつらい作業だったが、おかげで自分の心の中をだいぶ整理することができたと思う。統一教会式の葬儀や埋葬をめぐるこのささやかな証言が、誰かの参考になるのだとしたら喜ばしいことだ。

もう目の輝きは、いらない

さて、私はもはや、統一教会を離教した身である。

自分は神様に誠心誠意仕えていると信じている人の目にだけ宿るらしい「キラキラとした輝き」――高校生だった徳野元会長が若き日の父の目に、また、「二世献身プロジェクト」中、イギリスで出会った男性が戸別訪問時の私の目に見たらしいそれは、私の目からはもはや消え失せて久しい。私は、それを悲観すべきなのだろうか。

人間は変化する生き物だが、同時に変化を嫌うという性質も持っている。宗教によって「輝き」を与えられ、その経験を手放さずに、むしろそれ以降も同じ道を歩む指針として掲げつづける生き方が間違っているとは思わない。かといって、自分がそれを選ぶことが正しいとも私には思えなかった。それは、変化を拒むことと同じであるような気がしたのだ。

「和光同塵」という、老荘思想に由来する言葉がある。「自分の才能や徳を隠して、世俗の中に交じってつつしみ深く、目立たないように暮らすこと」というのがその意味だ。

「才能」や「徳」などといわれると、「あえて隠さなければならないそんなたいそうなものなど自分は持っていない」と卑屈な気持ちになってしまいそうだ。しかし私の場合、その部分を、「祝福二世だったこと」や、「献身して世界中で寄付集めをしていたこと」に置き換えるなら、格段にわかりやすくなる。

これらの属性や経験は、統一教会内という特殊な環境の中にいた頃には、たしかに光輝いていたかもしれない。しかし、そこから一歩外へ、また別の世界へ出てきてしまうと、少しも褒められたことではなくなってしまう。

その中で、私にできることはなにか――。

塵と同化すること。世俗の汚れの中で生きること。今の私が実践してみたいのは、そちらの生き方だ。

目の輝きは、もういらない。

浮き足立つこともなく、荒《すさ》みすぎることもなく。心は常にニュートラルな状態に置くことを心がけたい。世俗の汚れを退けるのではなく、見つめて、受け入れて、楽しみたい。なぜなら、神様は世俗の汚れの中にも存在するのだから——などと、際どいことを口走ってもみる。

そしていったん外に出ると、今度は統一教会こそが、眉をひそめる「汚い存在」に見られたりする。そこで献身した経験のある私は、一生、「手を汚した人間」のように扱われる。それはもう仕方がない。

そう思われたくなくて、「踏み絵」を踏むように統一教会反対派に回る気は、私にはまったくない。「元信者と名乗っておいて反対しない人は、まだ信者なんじゃないか」という疑いを向ける人も世間にはいる。だが、私はそれも仕方がないと思っている。そんな誤解も、受け入れて、楽しんでやろうではないか。

どのみち、統一教会というコミュニティの中に産み落とされたという私の過去は変えられないし、その結果として、一〇代の大半を韓国で過ごし、そこで学んだという事実も、私の人生から除去することはできない。

だとしたら、つまるところ、私はそれを丸ごと受け入れるよりほかにないのだ。

人にはいえない、いったとしても理解してもらえない思いは、たくさんある。しかし、それも含めた自分というものをそっくり受け入れることの先にしか、手に入れるべき人生の楽しみなどないのではないかと思っている。

それが今の私の気持ちだ。考えはいずれまた変わっていくかもしれないが、自分が変わることを私が恐れることはもうないだろう。それだけははっきりしている。

おわりに

二〇二二年七月八日、安倍元首相銃撃事件が起きて、逮捕された実行犯のプロフィールから統一教会に世間の注目が集まった時点で、私自身が離教してから一八年、現役信者であった両親が他界してからも一一年が過ぎており、私が統一教会をめぐる情報に触れることはほとんどなくなっていた。

だから、現役信者の間で、高額献金の被害があれほど深刻な状態になっていることは、私自身、一連の関連報道を通じてはじめて知ったことだった。

ただ、そうした被害者が相次いで報告される中、気になる論調も目につくようになっていった。たとえば、「統一教会二世は一人残らず、救済対象として教団の外に引っ張り出さなければならない」とか、「祝福二世という『不幸な存在』をこれ以上増やさないために、合同結婚式を阻止せよ」といった方向性を持つ意見などのことだ。

統一教会の信仰が性に合っていて、そこにこそ居場所を見出している二世もいるはずなので、そうした十把ひとからげの捉え方はさすがに乱暴に過ぎるのではないかと思うのだ。

もちろん、統一教会側も変わる必要がある。

教団本部への献金のために、子どもに進学を断念させたり、借金を肩代わりさせたりするのは、どう考えてもやりすぎだろう。

また、祝福結婚をめぐっても、さまざまな問題が表面化してきているらしいと聞いている。信者間で結婚しなくてはならないという決まりであるにもかかわらず、結婚希望者の男女比率が不均衡になっており、女性信者側になかなか相手が見つからないといったことだ。

二世信者たちが思い描く、信者としての幸せを実現させるためには、むしろ統一教会の外に出ていく以外に選択肢がないのではないかと言いたくなるほど、随所に弊害が現れ、被害の実態が深刻化しているのである。

教団内のそうした幾多の問題点を、統一教会の幹部などの責任者たちは、なぜ誰も是正してこられなかったのだろうか。

たとえば、父が経験した「世界日報事件」は、日本の統一教会が自浄作用を失ったという事実を語る上でとても重要だと思う。あの事件以降も、本部から「分派」や「乗っ取り」とみなされた多くの教会メンバーが、公職を解かれたり除名されたりしていったと聞いている。

なにか改善しようとすると、追放されたり冷遇されたりといった憂き目を見ることになるため、教会の中枢には「イエスマン」しか残らなくなる。是正できなかったのはそのためではないのか。

二〇二三年一〇月一三日、日本政府が、統一教会に対する解散命令について裁判所に請求した。これについても、元信者の一人として懸念していることがある。

「教団が解散命令を下されたとしても、信者一人ひとりの信仰は続けられるはず」という「反対派」の言い分もわかる。だが、解散命令によって統一教会が宗教法人格を失った場合、消失するのは、宗教法人としての非課税といった優遇措置だけではない。

所有する不動産や礼拝堂といった施設も、解散命令に伴って国が定めた管財人の管理下に置かれるのである。そのことは、なぜか新聞等では触れられないことが多い。

だから、統一教会に対して「ひどいこと」をしているという自覚が、国民の間にも生まれにくい。

一番の懸念は、世間からのバッシングだ。「解散」の憂き目を見た統一教会の信者たちを、世間は「敗者」として蔑み、平然と後ろ指を指してくるかもしれない。憂さ晴らしをしたい人たちが、これまで以上に大勢で徒党を組んで、苛烈な暴言を叩きつけてくるかもしれない。

一番タチが悪いのは、それが憂さ晴らしだという自覚もないままに、彼らなりの〝正義感〟に基づいてバッシングしているケースだ。その〝正義感〟の根拠は、きちんと裏取りされていない臆測の混じった情報である場合も多い。

統一教会の施設に侮蔑的な落書きをした人物が逮捕され、罰金刑に処せられるようなケースも発生しているが、一時は統一教会の熱心な信者であった私は、むしろその逮捕者にこそ同情してしまうところがある。その人物は、ネットやマスメディアが垂れ流すずさんな情報に扇動されてそうした可能性があるからだ。

教会の教えに〝洗脳〟された結果にしろ、ネットやテレビの情報に〝扇動〟された結果にしろ、やったことが犯罪であれば、その個人が有罪になり、前科がついてしまう。そんなとき、教会であれば「信者が勝手にやったこと」と切り捨てるし、マスメディアは「視聴者が勝手にやったこと」と相手にもしない。

バッシングをする側もされる側も、矢面に立たされるのはいつも末端の市民だ。そして、結果的にどちらも立ち直れないほど傷つく可能性があるのに、責任者らしき組織の上層部は誰も責任を取らない。そういう視点で見ると、私には一般市民と統一教会の信者に立場や性質の差がそれほどあるとは思えない。

それなのに、統一教会の信者たちに対峙する側の一般社会には、彼らに対する理解があまりにも乏しいと私は感じている。一般の人々の多くは、そもそも彼らを理解しようとする気すらないように思える。

実際に、信者たちがまったくの善意からおこなうボランティアが拒否されたり、過去に受けた表彰が（統一教会の信者であると発覚したというだけの理由で）取り消されたりと、社会の側からの統一教会排除の動きが止まらずにいるようだ。

それではまるで、「問題のある生徒」をただ教室から追い出すだけで済ませる無責任な教師のようではないか。そんなことでは、学校現場でのいじめがいつまでもなくならないのも道理だと皮肉のひとつも言いたくなる。

統一教会の現役信者の一人が、「私たちを社会から排除するというのなら、所得税の徴収対象からも排除してほしい」と嘆いていた。私は、その意見に大いに共感する。

彼らは教会の中にこもり、一般社会との接触を避けて、統一教会としての活動しかしていないと思っている人は少なくないだろうが、それは大きな思い違いだ。成人している信者のほとんどは会社勤めなどをして税金をきっちりと納めているし、子どもの信者たちは、その他の一般家庭の子どもたちと同じように地域の学校に通っている。

日本の統一教会が窮地に立たされていることに、私は複雑な思いを抱いている。

ときどき、現役信者の「自分たちは潔白だ」「信仰を捨てずに残っているわれわれこそが正義」という態度を見ると、特にその思いが強くなる。たしかに今の世代の彼らは、私たちの世代とは違って、手を汚していないのかもしれない。

しかしそれならそれで、「過去を知ってほしいし、償ってほしい」という言葉が喉まで出かかる。そのとき私の脳裏に蘇るのは、信者だった時代に、韓国側の信者から、「怨讐の国」「過去の罪を償うべき日本人」と謗られてきた理不尽さだ。私個人としては、韓国の牧会者に言われていやだった言葉を、そのまま現役信者にぶつけたくはない。これに関しては、彼らの自省に期待するしかない。

信仰を捨てた私が言うのもなんだが、統一教会という教団には、できることなら、自らをかけ値なく魅力的な場所に作り変えていってほしい。今も教会の存在を拠りどころとしている現役信者たちのために、本当の意味で生まれ変わってほしいと思っている。

猛然たる批判を浴びつづける統一教会から、私はとうに離脱している。しかしだからと言って、私は勝ち馬に乗って素知らぬ顔で走り去る卑怯な人間にはなりたくない。

今は味方が少ないからこそ、統一教会を応援したいと私は思っている。

あとがき

本書を手に取っていただき、ありがとうございます。

ここには、長年蓋をして誰にも語ることはないだろうと思っていたことがたくさん綴られています。

自分の信者体験を書き終えた後は、なぜだか「自己肯定感」なるものが浮上してきました。おそらく、長年もやもやと一人で抱えていた思いをしっかり言語化できて、ようやく「手放せた」からだと思います。

ただ、執筆中は複雑な思いもありました。信者だった頃のことを書いている最中は、まるでそのときの自分が「憑依」しているような状態になるのです。ちょうど「古巣（旧統一教会・現家庭連合）」の解散請求に関する報道が過熱する中での執筆だったので、うっかり病院や薬局の待合室のテレビなどでそれらを目にしてしまい、心が抉《えぐ》られるような思いにもなりました。

そんなとき、私は両耳に人差し指を入れて小刻みに出し入れし、小声で「あー」と囁いていました。そうすると、周囲の音が聞こえづらくなります。一九九二年、やはりテレビでのバッシングがひどかった頃、教室で先生が統一教会の話をはじめたときなどに、当時小学五年だった私が編み出した「逃避行動」でした。

三〇年前にそうしていたことなど今まですっかり忘れていたのに、その所作を記憶の引き出しから咄嗟に引っ張り出した自分自身に驚きましたし、あのときの苦しみは癒えていないんだなと痛感させられました。

しかし、今の私は、「何も知らない小学生」ではありません。二〇二二年から続く「バッシング」については、教会の悪い部分も見てきた立場で真摯に受け止めています。そういう複雑な思いも含め、本書には存分に胸の内をぶつけることができたと思っています。

当初は、かつての自分と同じ立場の、つまり「離教したいと思っている二世信者」が、教会との距離の取り方をめぐって悩んだ際に参考にしてもらえるような内容になるのかと予測していました。しかし、あらためて文章を読み返すと、現役信者か離教した立場かを問わず、「自分の信じる道を、自分の意思で歩もうとしている人」に向けた内容になったのではないかと思います。

一方で、統一教会とは直接関係のない方々は、本書にどのような感想を抱かれるのだろうかと気になるところはあります。正直、まったく想像がつきませんが、なにかしらの役に立てばよいなと願っております。

とりあえずぱっと思いつくものとしては、「統一教会信者は全員マインドコントロールされているのだから、拉致監禁による強制脱会の違法性は見逃してもよい」といった暴論を防ぐ「ひとつの事例」くらいにはなるのかな、と思っています（彼らの主張は、「統一教会は自力で脱会できない」というものなので）。

そして、論創ノンフィクションの谷川茂さん、構成を担当してくださった平山瑞穂さんに心から感謝申し上げます。

特に平山さんには、私が無意識で使っている教会用語や韓国独自の漢字語を、一般的な日本語に直していただきました。それだけでなく、「私が言いたいことは、こういう言い回しをすれば世間に通じるのか」という気づきをたくさん得ることができましたし、それは裏を返せば、「ここまで言い直してはじめて、統一教会の信者・元信者が何を言っているのかがわかる」ということだと思います。ほぼ翻訳のような作業であったと思います。本当にありがとうございました。

最後に、「統一教会絡みの問題」には、もうあまり深く関わらないでほしいという本音をもらしつつも出版を許してくれた夫や、本書の元になっているTwitter（現X）などの投稿を、興味を持って読んでくださったリアルおよびネットの知人たちにも感謝申し上げます。執筆の後押しをしてくださり、本当にありがとうございました。

宮坂日出美

二〇二四年一月

宮坂日出美（みやさか・ひでみ）

1981年生まれ。統一教会信者の両親の元に、祝福二世として生まれる。中学・高校時代を主に韓国で過ごし、教会の主催するボランティアプロジェクトに参加。ロシアやヨーロッパを巡る。韓国の大学を退学して帰国後、一般男性と結婚して現在に至る。

構成　平山瑞穂

論創ノンフィクション 048

祝福二世

信仰を捨てた元統一教会信者の告白

2024年3月1日　初版第1刷発行

著　者　宮坂日出美
発行者　森下紀夫
発行所　論創社
　東京都千代田区神田神保町 2-23　北井ビル
　電話　03（3264）5254　振替口座　00160-1-155266

カバーデザイン　奥定泰之
組版・本文デザイン　アジュール
校正　小山妙子
印刷・製本　精文堂印刷株式会社
編　集　谷川 茂

ISBN 978-4-8460- 2265-5 C0036